# Chéri,
## Parle-Moi...

Dix Règles Pour Faire Parler Un Homme

Marie-Rose Paquette

Les Éditions OPTION Santé

Données de catalogue avant publication (Canada)
Dallaire, Yvon, 1947-
Chéri, Parle-Moi... Dix règles pour faire parler un homme
Comprend des références bibliographiques
ISBN 2-9804174-4-0
1. Relations entre hommes et femmes. 2. Communication dans le mariage.
3. Communication interpersonnelle. 4. Hommes- Psychologie.
I. Titre
HQ801.D34 1997    305.3    C97-901008

Les Éditions Option Santé Enr.
675, Marguerite Bourgeoys, Québec, Qc, G1S 3V8
Téléphone: 418.687.0245 ; Sans frais : 1.800.473.5215
Télécopieur : 418.687.1166 ; Email : opsante@mlink.net
Site Internet : http://www.mlink.net/~opsante

Conception de la page couverture : Caroline Bédard
Infographie : Christian Chalifour
Photogravure et impression : Litho Acme Québec
Photographie de l'auteur : Guy Raymond

Dépôt légal : 2ᵉ trimestre 1997
Bibliothèque nationale du Québec
Bibliothèque nationale du Canada
ISBN 2-9804174-4-0

Distribution Les Messagerie Agence de Distribution Populaire
1261-A, rue Shearer, Montréal, Qc, H3K 3G4
Téléphone : 514.523.1182 ; Sans frais : 1.800.361.4806

Je dédie ce livre
aux hommes et aux femmes
qui ont à coeur la réussite de
leurs relations amoureuses.

# Tables des matières

# Remerciements

Je tiens à remercier tout particulièrement ma compagne, Renée Bérubé, qui m'a patiemment permis de vérifier, parfois à son insu, le bien-fondé et l'efficacité des données et règles ici présentées. Elle est celle qui m'a le plus écouté, le plus parlé et qui, par le passé, m'a très souvent permis d'abaisser mes défenses. Je la remercie aussi pour tous mes silences qu'elle a amoureusement respectés.

Je tiens également à remercier Isabelle Gagnon, la coordonnatrice des Éditions Option Santé et ma précieuse adjointe, pour son support sans défection dans toutes mes entreprises et pour ses conseils avisés, même si je ne les écoute pas toujours.

Mes remerciements vont aussi à Yousri Karakand qui a accepté de prendre sur ses épaules plusieurs tâches administratives du Centre Psycho-Corporel, me permettant ainsi de trouver les indispensables heures nécessaires à la rédaction d'un tel livre.

Mes remerciements sincères à Ève Lamarque et Michel D. Roulin pour les corrections apportées. Merci à Christian Chalifour, infographiste, qui a investi tout le temps nécessaire au montage de ce livre et aux nombreuses retouches. Merci également à Caroline Bédard et Nathalie Gilbert pour la conception de la page couverture.

Un merci spécial à M. Pierre Élias, de la maison de distribution ADP, qui, grâce à son enthousiasme et son expérience, me redonne le goût, à chacune de nos rencontres, de plonger à fond dans mes projets d'écriture.

Ma gratitude va aussi à tous mes autres collègues de travail, anciens et nouveaux, qui m'accompagnent dans la réussite de notre entreprise, le Centre Psycho-Corporel : Grant McConnell, Carlo Zanetti, Nicole Bolduc, Aline Dumas, Guylaine Coulombe.

Finalement mes derniers mercis, mais non les moindres, vont à tous ceux et celles qui en se confiant à moi, en assistant à mes conférences, en participant à mes ateliers ou en commentant mes écrits antérieurs ont fait en sorte que ce livre puisse prendre forme.

# Chéri, Parle-Moi !

## Introduction

«Mon mari ne parle pas. J'ai beau essayer de savoir ce qu'il pense, ce qu'il ressent, j'ai toujours l'impression de le déranger. On dirait que ça lui demande un effort de me parler».

Tout au long de mes vingt-cinq années de pratique en thérapie conjugale, le principal reproche que j'ai le plus souvent entendu de la part des femmes envers les hommes, c'est que ceux-ci ne communiquent pas assez et ne sont pas ouverts au dialogue :

«Il faut toujours leur tirer les vers du nez et on ne sait jamais à quoi pensent vraiment les hommes.» (En dehors du sexe, évidemment.)

Ce reproche est confirmé par nos observations : plus le temps passe, moins l'homme a tendance à se montrer communicatif dans l'intimité du couple. L'homme agit souvent comme si sa partenaire était conquise, comme s'il lui avait tout dit et qu'il n'était plus nécessaire de la tenir au courant de ses pensées et de ses émotions. Quand sa partenaire lui en fait la remarque, il lui répond souvent qu'il ne veut pas la «déranger» avec ses préoccupations.

Il n'y aurait pas de problème si la femme ne possédait pas un besoin constant de communiquer et de communiquer par la parole. Pour se sentir vivante, attirante, aimée, pour se sentir en relation, la femme a besoin de s'exprimer et d'être écoutée. La femme retire beaucoup de plaisir à parler et à partager ses pensées et ses émotions, non pas nécessairement pour résoudre un problème, mais tout simplement pour le plaisir de partager. Quelle femme ne voudrait pas être comprise par son mari de la même façon qu'elle l'est de sa meilleure amie ?

Avec le développement de la société de loisirs, les couples passent aujourd'hui beaucoup plus de temps ensemble qu'il y a un demi-siècle. Parallèlement, le mouvement féministe a permis aux femmes de faire des gains importants dans les milieux professionnel, économique et politique. Hommes et femmes doivent maintenant apprendre à vivre et communiquer ensemble et de nombreux livres de psychologie mettent l'accent sur la nécessité de communiquer pour se comprendre. Sauf que...

Sauf que la femme parle, pense, agit comme une Chinoise et part du principe que l'homme est un Chinois. Or, l'homme parle, pense, agit comme un Japonais et est sûr que sa femme est une Japonaise. Tous les deux croient, à tort, parler le même langage, penser de la même façon et agir selon les mêmes motivations.

Tous les dictionnaires français - espagnol vous diront que le mot «mañana» signifie demain. Lorsqu'un hispanophone remet à «mañana» un rendez-vous ou une activité quelconque, le francophone s'attend qu'effectivement le rendez-vous ou l'activité se fasse le lendemain. D'où sa frustration, le lendemain, lorsque l'Espagnol lui dit à nouveau «mañana». Le Francais en arrive à croire que l'Espagnol est de mauvaise foi et qu'on ne peut se fier à sa parole. Sauf que les Espagnols et les Français ne possèdent pas tout à fait la même notion du temps et ce qu'il faut réellement comprendre lorsqu'un Espagnol vous dit «mañana», ce n'est pas demain, mais plutôt «pas maintenant» ou «plus tard». Ainsi font les hommes et les femmes dans leurs communications : ils utilisent les mêmes mots, mais leur donnent des significations différentes et, très souvent, des connotations émotives différentes.

Dernièrement, un Grec nouvellement arrivé au Québec me donna rendez-vous sur l'«heure du souper» pour discuter une affaire. Comme j'ai l'habitude de souper autour de 19 heures, je l'attendis donc vers cette heure à l'endroit prévu. Le lendemain matin, j'appris qu'en Grèce le souper se déroule généralement autour de 21-22 heures. Ce n'est qu'après explication que nous avons pu laisser tomber notre colère respective due à ce quiproquo, chacun croyant que l'autre lui avait fait faux bond.

Imaginez quand, dans un couple, ce genre de malentendu survient au moment où la tension émotive est à son plus haut niveau. D'autant plus que nos observations nous démontrent qu'il existe plus de différences entre l'homme et la femme qu'entre deux cultures différentes.

Pour l'homme, communiquer veut dire échanger de l'information. Pour la femme, cela signifie partage, intimité et plaisir. La femme s'attend à retirer de ses conversations un important soutien émotionnel, dans la mesure où elle tente de se comprendre et de comprendre les autres. L'homme s'attend, quant à lui, à des conversations rapides et superficielles qui lui permettent d'échanger des informations pratiques, de préférence amusantes, mais surtout pratiques et utiles. L'homme aime rarement «parler pour parler». L'homme doit donc apprendre à parler le chinois, la femme doit apprendre le japonais, si les deux veulent que la communication s'améliore entre eux.

Les pages qui suivent présentent, dans un premier temps, les principales différences biologiques qui existent entre l'homme et la femme aux niveaux génétique, gonadique, hormonal, anatomique et cérébral ainsi que leurs répercussions sur la psychologie et le comportement de l'un et l'autre. Puis, dans la deuxième partie, ces pages vous présentent les conséquences des différences biologiques, psychologiques et comportementales sur dix dimensions de la communication homme - femme.

J'espère que la compréhension de ces dimensions vous aidera à rendre vos discussions plus harmonieuses et plus satisfaisantes. Ces dimensions sont présentées sous la forme de dix règles que les femmes peuvent utiliser pour :

1. mieux comprendre comment les hommes communiquent et surtout comment ils communiquent verbalement ; et

2. aider les hommes à mieux et plus communiquer verbalement ce qu'ils vivent intérieurement.

Comparativement à l'homme moyen, la femme moyenne est experte dans la communication verbale, surtout lorsqu'il s'agit d'exprimer des émotions. En utilisant les règles suivantes, elles pourraient prendre conscience de l'énorme pouvoir qu'elles possèdent dans le processus de la communication.

En lisant ces pages, les hommes pourront :

1. mieux comprendre leur façon d'être et de communiquer ; et

2. prendre conscience de l'énorme différence qui existe entre leur façon de communiquer et celle de leur partenaire.

Ce faisant, ils pourront peut-être se déculpabiliser et laisser tomber leurs attitudes défensives face aux femmes qu'ils accusent de toujours critiquer, de toujours chialer (le principal reproche que les hommes font aux femmes). Ils pourront peut-être être plus attentifs au plaisir de leurs partenaires à communiquer verbalement leurs états d'âme. Les femmes le font non pas pour les critiquer, mais plutôt pour améliorer la relation, se rapprocher d'eux et se sentir complices. Pour elles, exprimer leurs états d'âmes, même négatifs, constitue une preuve d'amour.

# Première partie

## Les Faits

*« L'idée des états psychologiques*
*en tant que produits de l'esprit,*
*l'idée de la séparation*
*du corps et de l'esprit, et*
*l'idée selon laquelle le genre n'est pas inné*
*mais acquis et peut être modifié*
*sont trois idées pseudo-scientifiques*
*qui orientent la manière dont nous nous concevons*
*en tant qu'hommes et femmes »*
Jo Durden-Smith et Diane Desimone

La première partie de ce livre présente un résumé des recherches scientifiques modernes concernant les différences fondamentales entre les hommes et les femmes au point de vue biologique et psychologique.

# Chapitre 1

## Les différences homme - femme

*«L'homme et la femme ont désormais assez de temps libre pour s'apercevoir que nous ne sommes pas compatibles, et je crois que nous n'avons découvert que très récemment l'immensité des différences qui nous séparent.»*
Joe Tanenbaum

Qu'on le veuille ou non, l'androgyne n'existe pas. Il n'existe aucun être qui serait à la fois homme et femme, qui posséderait les caractéristiques masculines et féminines. Quoiqu'égaux, les hommes et les femmes sont différents.

Minimiser les différences entre les hommes et les femmes peut même se révéler dangereux. Dangereux pour l'individu qui peut prendre pour une incapacité personnelle le fait de ne pas comprendre le langage de l'autre sexe. Dangereux pour les femmes qui peuvent être (et qui ont été) traitées selon des normes établies par des hommes et pour les hommes. Dangereux aussi pour les hommes qui, lorsqu'ils s'adressent aux femmes, ne comprennent pas leurs réactions émotives à leurs paroles ou actions parce qu'ils les imaginent semblables à eux.

Depuis que je m'intéresse aux données de la neuropsychologie et à ce que je pourrais appeler la nouvelle psychologie différentielle des sexes, c'est par centaines qu'hommes et femmes sont venus me dire, à la fin de mes conférences ou en cours de thérapie, qu'ils savaient maintenant mieux pourquoi ils éprouvaient de la difficulté à comprendre l'autre sexe et comment la connaissance de ces différences leur permettait de dédramatiser leurs difficultés relationnelles.

« C'est la première fois que je me sens reconnu comme homme (femme) ; je me croyais le (la) seul(e) à penser ou agir de la sorte. Cela me fait du bien de savoir que je suis normal(e) et que ma (mon) partenaire l'est aussi. »

Si, depuis les années 50, la psychologie moderne a voulu minimiser les différences homme - femme et traitait de sexistes ceux qui voulaient s'y intéresser, c'est que ces différences avaient souvent, par le passé, été utilisées pour asservir le sexe féminin au pouvoir masculin, ce à quoi il faut évidemment s'opposer.

Toutefois, les difficultés relationnelles des couples nous obligent à revoir cette attitude. D'après les statistiques de l'Organisation Mondiale de la Santé sur 61 sociétés, environ 50% des couples divorcent ou divorceront, et ce, surtout, lors de la quatrième ou cinquième année de vie commune. L'augmentation du taux de divorce entre 1960 et 1990 frise les 300 %.

« Reconnaître les différences homme - femme libère les individus du fardeau de la pathologie individuelle » écrit la spécialiste en sociolinguistique Déborah Tannen dans son livre *Décidément, tu ne me comprends pas*. Elle poursuit en affirmant que « Comprendre les différences qui existent entre nous nous permet d'en tenir compte, de nous y adapter et d'apprendre du style de l'autre. »

À 95 %, l'homme et la femme sont deux êtres dont la biologie et les comportements sont identiques. Nous avons tous deux un cerveau, des membres, un corps, des organes… Nous respirons, mangeons, dormons, déféquons… tous deux de la même manière. Nous sommes deux mammifères humains, qui se disent raisonnables.

Jusque là, tout va bien. C'est le 5 % qui nous pose problème. Ce minime mais significatif 5 % s'applique au fonctionnement de notre cerveau, à notre façon de penser, à l'expression de nos sentiments et émotions, à nos priorités de vie et à notre façon de communiquer. Enfin, nos rôles sexuels, quoique complémentaires, sont différents.

Ces différences sont minimes, mais toutefois suffisantes pour donner naissance à une dimension spécifique de la psychologie : la psychologie différentielle des sexes. Reléguée dans l'ombre par le mouvement féministe des années 60, la psychologie différentielle des sexes refait surface depuis une dizaine d'années, grâce surtout aux récentes découvertes de la neuropsychologie moderne.

Les sciences humaines sont aux prises avec un débat fondamental entre la Nature et la Culture. Voici comment ce débat a évolué d'après les journalistes Jo Durden-Smith et Diane Desimone qui ont écrit un livre merveilleux intitulé *Le sexe et le cerveau* et dans lequel ils présentent, preuves scientifiques à l'appui, l'importance du rôle des hormones sexuelles dans l'identité et le comportement de l'homme et de la femme.

Il y a 125 ans, au moment où la psychologie devint une science, existait un dogme scientifique basé sur des mesures anthropométriques (entre autres, celles concernant le poids du cerveau) qui permettait de classer l'humanité suivant un ordre hiérarchique. Les protestants anglo-saxons de race blanche et de sexe masculin arrivaient évidemment en tête. Normal, ce sont eux qui faisaient ces recherches. Loin derrière, se retrouvaient les femmes et les autres races. Ce dogme soutenait que la nature et la biologie étaient toutes puissantes. Cette théorie avait l'avantage de confirmer la hiérarchie implicite de la Création et semblait cadrer parfaitement avec les idées de Darwin au sujet de l'évolution et de l'origine des espèces qui plaçaient l'Homme au sommet. Cette pensée, qui a donné naissance à l'horreur des camps de concentration, influença fortement l'opinion publique jusqu'en 1960. Ces idées, actuellement considérées comme réactionnaires, servent de bouclier contre toute recherche scientifique portant sur les différences homme - femme.

En réaction, et grâce surtout à la psychologie, l'anthropologie et la sociologie, se développa un nouveau dogme scientifique «proclamant que les individus de tout sexe et de toute race sont le produit non pas de facteurs biologiques, mais du milieu social dont ils sont issus».[1] Les chromosomes n'auraient rien à voir là-dedans. Ce dogme fut repris par les démocrates et le courant féministe car «il contient en germe l'argument selon lequel les différences entre les individus et les classes sociales peuvent être éliminées à jamais».[2] Ce dogme donna naissance à l'idéologie qui a fortement influencé notre époque depuis les années 50. La culture prédomine la nature; tout est une question d'apprentissage.

D'après cette croyance, les différences sexuelles furent créées de toutes pièces par un système d'éducation partial, discriminatoire et patriarcal. En tant que produit de la culture et de la pensée, tout individu peut apprendre n'importe quoi à la condition de recevoir les stimulations pertinentes. La psychologie différentielle des sexes devint tabou. On se mit à donner des poupées aux garçons et des camions aux filles sous prétexte que les hommes et les femmes sont égaux et semblables, plutôt qu'égaux et différents. On commence à peine à s'apercevoir des horreurs provoquées par cette théorie: on parle de plus en plus d'une génération d'enfants sacrifiés au sacro-saint androgyne. À titre d'exemple, nos recherches démontrent que le décrochage scolaire se retrouve tout particulièrement chez les garçons.

Dans le cadre de ce dogme, par exemple, la rapidité de l'éjaculation serait apprise; l'homme est donc responsable, pour ne pas dire coupable, de son éjaculation dite maintenant précoce. En suivant le même raisonnement, mais à l'inverse, on pourrait dire que la femmes serait responsable, pour ne pas dire coupable, de la lenteur de sa réactivité génitale et orgasmique. La réalité est qu'il existe une différence biologique dans la réactivité génitale des hommes et des femmes. Cette différence est facilement observable dans toutes les espèces animales pour qui veut bien se donner la peine d'observer. Le refus de cette différence nous amène à «normaliser» et, dans ce cas-ci, c'est la faible réactivité de la femme qui devient la norme et la forte réactivité de l'homme le bouc émissaire des difficultés d'adaptation sexuelle des couples. C'est ce dogme qui a alimenté un préjugé tel qu' «Il n'y a pas de femmes frigides, il n'y a que des hommes maladroits».[3]

D'après Durden-Smith et Desimone, nous assistons, depuis le milieu des années 80 et grâce aux découvertes de la neuropsychologie, à la naissance d'un troisième dogme qui

«menace de balayer trois idées pseudo-scientifiques qui orientent la manière dont nous nous concevons en tant qu'hommes et femmes:

1. l'idée des états psychologiques en tant que produits de l'esprit;

2 l'idée de la séparation du corps et de l'esprit; et

3. l'idée selon laquelle le genre n'est pas inné mais acquis et peut être modifié».[4]

Ce dogme, la nouvelle science de l'homme et de la femme, intègre les données de la génétique, de la biologie, de la sexologie de la chimie et, en particulier, les données concernant le cerveau humain. Le cerveau n'est pas un organe mécanique, il est le siège de notre personnalité, il est notre «Je». Le cerveau est le lieu d'intégration de la Culture et de la Nature, la nature étant ici considérée comme un héritage génétique individuel millénaire dont on ne peut faire abstraction en une génération. Et ce cerveau serait très fortement influencé par les hormones sexuelles, amenant ainsi non seulement des différences quant à la structure du cerveau, de la latéralisation des hémisphères, de la composition et la densité des différents lobes, cervelet et corps calleux, mais aussi dans le domaine des aptitudes et habiletés de l'homme et de la femme, de leurs aspirations et priorités respectives, de leur perception du monde, de leurs façons d'entrer en relation et de communiquer.

La sexualisation du cerveau serait le véritable responsable des différences qu'on observe entre les hommes et les femmes à différents niveaux : les maladies tant physiques que mentales spécifiques à chaque sexe, le fait que la priorité de la femme soit axée sur la communication et celle de l'homme sur l'action, les différences dans l'utilisation du langage, l'espérance de vie, l'intuition féminine et la logique masculine, les réactions émotives et évidemment le comportement sexuel et génital. Les hommes et les femmes ont énormément de difficultés à se comprendre tout simplement parce qu'ils vivent dans deux mondes différents et que, contrairement à leur croyance, ils ne parlent pas le même langage.

Qu'est-ce qu'un homme ? En quoi est-il différent de sa compagne ? Sans entrer dans tous les détails des spécificités masculines et féminines, les différences significatives mises en évidence par cette nouvelle science de l'homme et de la femme et par la neuropsychologie sont présentées dans les chapitres suivants.

Certaines différences biologiques sont facilement observables : le corps de l'homme est généralement très différent du corps de la femme. Par contre, d'autres différences sont internes et ne peuvent être observées que par des études approfondies et par des voies détournées ; c'est le cas des différences génétiques, gonadiques, hormonales et des différences au niveau de la structure du cerveau.

---

1. Durden-Smith, Jo et Diane Desimone, *Le sexe et le cerveau* , p. 24.
2. Ibid., p 24.
3. L'auteur prépare actuellement un essai sur le thème de *L'éjaculation précoce n'est pas une maladie* en réponse aux tenants de ce dogme.
4. Durden-Smith, Jo et Diane Desimone, *Le sexe et le cerveau* , p. 34.

# Chapitre 2

## Les différences génétiques

*«Tout se passe comme si l'Occident
était porteur d'un gène défectueux,
responsable du préjugé que la domination
de l'homme sur la femme est universelle
et transmissible de génération en génération.»*
Hélène Fisher

Lorsque l'ovule de votre mère fut pénétrée par l'un des millions de spermatozoïdes de votre père, 23 paires de chromosomes se sont unies pour former votre cellule originelle : une seule cellule vous contenait au complet, votre corps et votre personnalité. Vous imaginez la programmation que devait contenir les gènes emmagasinés dans deux millionièmes d'un millionième d'once d'A.D.N. Chacun de ces 46 chromosomes peut être considéré comme un logiciel informatique.

De ces 23 paires de chromosomes, 22 paires sont identiques et transmises à 50 - 50 par chacun de vos parents. Une seule paire, la 23ᵉ, la paire sexuelle, peut ne pas être identique.

Le chromosome fourni par votre mère est nécessairement un chromosome X, alors que celui fourni par votre père peut être soit X, soit Y. La paire formée de deux XX fait de vous une femme ; la paire formée par un X et un Y fait de vous un homme. À remarquer que ce 2$^e$ X ou Y se retrouvera dans chacune des cellules de votre corps, teintant ainsi tout votre corps de la programmation contenue dans ce X ou ce Y. Ce qui veut dire que l'on est, à moins de certains accidents de la nature, mâle ou femelle de la pointe de nos cheveux jusqu'au bout de nos orteils.

Les généticiens tentent par toutes sortes de moyens de décoder la programmation contenue dans les gènes de ces chromosomes. Quoique les résultats de leurs recherches soient encore fortement contestés par les tenants du dogme culturel, des pistes intéressantes semblent se dessiner. Comme les savants ne peuvent découper un organisme vivant au scalpel, les résultats des ces recherches nous proviennent le plus souvent de l'observation d'erreurs ou d'accidents de la nature comme les hermaphrodites, les pseudo-hermaphrodites, les individus portant un seul chromosome X (syndrome de Turner) ou, au contraire un 3$^e$ chromosome X ou Y (syndrome de Klinefelter)…

Lorsqu'il n'y a qu'un seul chromosome, soit XO, ou lorsqu'il y a un 3$^e$ X, soit XXX, l'individu présente toujours des caractéristiques sexuelles féminines et est élevé comme une femme. Ce qui confirmerait que le véritable sexe de base de l'espèce humaine est le sexe féminin, n'en déplaise à Freud. Le sexe masculin serait une spécialisation du sexe féminin afin d'assurer une meilleure stratégie de survie de l'espèce humaine.

Ces recherches relient de plus en plus le chromosome Y, le chromosome de la masculinité, avec la taille plus grande de l'individu, l'agressivité, la violence et les aptitudes visuo-spatiales. Le chromosome X, quant à lui, serait relié avec la petitesse de l'individu, la timidité, la sensibilité et les aptitudes à la communication verbale.

Si tel est le cas, ces études permettraient de comprendre, entre autres, pourquoi il y a plus d'hommes dans des domaines tels les sciences pures et l'informatique et pourquoi la majorité des crimes violents sont commis par des hommes. Cela expliquerait aussi pourquoi les femmes se retrouvent dans les sciences humaines et souffrent davantage de dépression.

Les recherches sur les molécules d'A.D.N. sont particulièrement riches en rebondissements. L'on sait qu'un gène est « constitué par un segment d'A.D.N. conditionnant la transmission et la manifestation d'un caractère déterminé ».[1]

Or, on découvre que de plus en plus de caractères comportementaux (alcoolisme, homosexualité, maladies physiques et mentales, talents particuliers...) seraient déterminés par la présence ou non de certaines molécules d'A.D.N. ou de certaines séquences d'A.D.N. Nous sommes peut-être des êtres beaucoup plus déterminés biologiquement que nous n'osons le croire.

A suivre...

---

1. Le Petit Larousse, 1997

# Chapitre 3

## Les différences gonadiques

> *«Continue de faire les semailles,*
> *car on ne sait jamais quelles graines porteront fruit...*
> *peut-être toutes.»*
> Ecclésiaste

Les gonades sont, à l'origine, situées à l'intérieur du ventre du foetus. Selon le code chromosomique, elles y resteront et deviendront des ovaires ; si non, elles émigreront à l'extérieur du corps et deviendront des testicules.

Comme les gonades sont les porteuses du germe de la vie, comment se surprendre que les femmes s'intéressent généralement plus aux dimensions «intérieures» de la vie et de leurs relations alors que les hommes s'intéressent davantage aux dimensions «extérieures» de leur être et de leurs relations. Tous les couples mariés vous le confirmeront.

Aux culturalistes qui taxeraient cette observation de simpliste, nous répliquons que, la nature étant par essence économique, «la vérité est simple et élégante, et que les choses fausses sont compliquées et troubles» (Jerre Levy).

Les ovaires produiront, au cours de la vie sexuelle active de la femme moyenne, environ 400 ovules. Les testicules de l'homme, quant à eux, renouvellent leur stock de spermatozoïdes, soit environ 500 000 000, toutes les 48 heures. Chaque ovule prend en général 28 jours pour atteindre la maturité et migrer vers l'utérus où il s'implantera s'il est fécondé, sinon il en sera rejeté (menstruation).

A cause de leur petit nombre, chacun des ovules peut-être considéré comme un petit trésor dans le processus de la reproduction. En comparaison, d'après Alfred Kinsey (1949), l'homme moyen expérimentera environ 5 000 orgasmes dans sa vie et éjaculera plus de 2 500 000 000 000 de spermatozoïdes dans sa vie. Chacun des spermatozoïdes possède donc peu de valeur et est facilement interchangeable, seulement les plus forts auront des chances d'atteindre l'utérus et un seul fécondera l'ovule, tous les autres étant éliminés comme des détritus.

Pourrait-on inférer, à partir du nombre de gamètes (ovules et spermatozoïdes), la raison naturelle du comportement sexuel plus polygame et génital de l'homme en comparaison avec le comportement sexuel plus monogame et amoureux de la femme ?

# Chapitre 4

## Les différences hormonales

*«Elle : Les hommes n'ont pas à subir tous les changements*
*physiques et hormonaux que vivent les femmes.*
*Lui : Non, nous, nous n'avons qu'à vivre avec les femmes.»*
Lynn, Pour le meilleur et pour le pire.

Les gonades sont aussi responsables de la production de la progestérone et des oestrogènes chez la femme et de la production de la testostérone et des androgènes chez l'homme. Homme et femme produisent aussi une faible quantité d'hormones sexuelles de l'autre sexe. Toutes ces hormones jouent un rôle excessivement important dans le développement des organes génitaux des deux sexes, de l'apparition des caractéristiques sexuelles secondaires à l'adolescence, de la régulation du désir sexuel et du processus normal de la grossesse.

Certains biochimistes se sont penchés sur la composition de ces hormones et ont essayé de trouver des liens entre telle hormone et tel comportement. Là aussi, nous trouvons des pistes intéressantes pour confirmer l'essence naturelle des différences entre les hommes et les femmes.

Si vous possédez des hormones sexuelles féminines, vous avez des chances de vivre plus longtemps (seuls les castrats ont des chances de vivre plus longtemps que les femmes), mais aussi de faire une dépression ou de développer une phobie ; vous supporterez mieux le stress, mais votre caractère subira les effets de la tension prémenstruelle ; vous aurez des sautes d'humeur et pourrez souffrir d'anorexie mentale ou de boulimie ; vous excellerez dans le domaine des émotions et de leur gestion ; votre raisonnement sera plus intuitif et verbal ; vous serez préoccupée par le bien-être de vos proches ; vous aurez une meilleure dextérité manuelle fine...

Si vous possédez des hormones sexuelles masculines, vous êtes plus susceptibles d'être victime d'avortement spontané ou de mourir dès votre plus jeune âge ; votre système immunitaire sera plus faible ; vous serez plus vulnérable aux attaques cardiaques et aux ulcères d'estomac ; vous serez plus susceptible de faire une psychose (schizophrénie) ou d'être débiles ou criminels, mais vous aurez plus de chances d'être un génie ; votre raisonnement sera mathématique et visuo-spatial ; vous serez compétitif et dominateur, mais vous souffrirez plus de troubles du langage (dyslexie, bégaiement) ; vous aurez tendance à être solitaire...

Tout cela ne représente que la pointe de l'iceberg, car nous commençons à peine, à l'aide d'une meilleure technologie, à étudier en profondeur le rôle de la chimie dans le comportement humain et à comprendre que nous ne sommes pas seulement le lieu de forces psychologiques, mais que nous sommes aussi, et peut-être beaucoup plus que l'on veut bien l'admettre, le lieu de forces biochimiques. La prochaine décennie annonce d'importantes découvertes biocomportementales ; ces découvertes se feront au fur et à mesure que les données éparpillées de multiples recherches seront colligées.

# Chapitre 5

## Les différences anatomiques

*«Et Dieu créa l'homme à son image ;
homme et femme, il les créa.»*
Genèse I:27

Anatomiquement, il faut savoir que les organes génitaux masculins et féminins proviennent d'une même cellule. Ce n'est qu'à la 6e semaine de gestation que, initiée par la programmation chromosomique, se développera la différence entre les organes génitaux. Par la suite, vos gonades (testicules ou ovaires) sexualiseront chacune de vos cellules cérébrales et corporelles.

Quoique différents dans leur orientation et présentation, les organes génitaux sont quand même homologues, i.e. qu'ils ont les mêmes fonctions et des structures analogues. Les testicules ressemblent aux ovaires et tous deux sont responsables de la production hormonale et des cellules reproductrices. Les canaux déférents et les trompes de Fallope servent au transport de ces cellules reproductrices. Les vésicules séminales et les glandes de Cowper correspondent aux glandes de Bartholin et aux glandes sudoripares vaginales qui toutes quatre participent à la production de fluides sexuels. Le canal éjaculatoire qui reçoit le sperme, les spermatozoïdes et la production des vésicules séminales jouent un rôle analogue au vagin, réceptacle de tous ces liquides.

Le pénis constitue un organe identique au clitoris, sauf dans la grosseur. Les deux possèdent un corps, un gland et un capuchon ou prépuce. Toutefois, le clitoris ne sert qu'à donner du plaisir alors que le pénis possède, en plus, une fonction d'élimination. Le scrotum possède une texture analogue aux lèvres externes de la femme alors que le raphé pénoscrotal (la ligne légèrement plus foncée qui court le long du pénis, sépare le scrotum et se rend jusqu'à l'anus) correspond à l'ouverture des lèvres internes et à la ligne qui court, elle aussi, jusqu'à l'anus chez la femme.

Les organes génitaux mâles sont extérieurs et «intrusifs»[1], les organes génitaux femelles sont intérieurs et «réceptifs». L'«intrusivité»[1] de l'homme et la réceptivité de la femme sont deux caractères sexuels spécifiques à chacun des sexes; ils sont fondamentaux et complémentaires. Le mot coït vient d'ailleurs d'un mot latin signifiant «aller ensemble».

Le reste de l'anatomie masculine et féminine est assez semblable: coeur, poumons, bras, jambes, tête, etc. Toutefois, il existe, lorsque l'on compare l'homme moyen à la femme moyenne, des différences anatomiques indiscutables en termes de grosseurs ou de formes.

Tous les garçons naissent prématurément, leur formation anatomique et le développement de leur cerveau n'étant pas aussi achevés que chez la petite fille. Ce qui explique le taux de mortalité plus élevé chez le garçon. Cette différence se manifeste, entre autres, dans le fait que les filles commencent à ramper, à s'asseoir, à marcher et à parler plus tôt que les garçons, comme la majorité des mères pourrait le confirmer. Les garçons sourient plus tard que les filles, tout comme ils deviennent propres plus tard. Les garçons sont en général plus agités, plus hyperactifs que les filles. La culture n'a absolument rien à voir là-dedans.

Ce retard se manifeste aussi à l'adolescence, âge auquel les filles ont en moyenne deux ans d'avance dans leur développement anatomique et, partant, dans leur développement psychologique. Il s'agit d'oberver les comportements des adolescents et adolescentes, leurs intérêts et leurs jeux pour se rendre à l'évidence. La puberté[2] se termine en moyenne à 16 ans pour la fille, à 18 ans pour le garçon.

La maturité sexuelle chez la fille est atteinte autour de 12,5 ans en moyenne ; celle du garçon, autour de 14,5 ans. Le garçon devient alors capable d'éjaculer, d'orgasmer et de se reproduire. La fille devient capable de se reproduire, mais devra apprendre à orgasmer. Pourquoi en est-il ainsi ? Parce que l'orgasme et l'éjaculation sont essentiels à la reproduction chez l'homme. Ce qui n'est pas le cas pour l'orgasme féminin : la femme peut se reproduire sans jamais avoir éprouvé d'orgasme.

La masse osseuse et musculaire est évidemment plus développée chez l'homme, le rendant ainsi plus fort. Par contre, le tissus adipeux est plus épais chez la femme, ce qui rend sa peau plus douce. De plus, ce tissus adipeux a tendance à s'accumuler autour du bassin chez la femme, alors qu'il se concentre dans le ventre chez l'homme. La forme du corps est plutôt carrée chez l'homme, ronde chez la femme. La pilosité est aussi beaucoup plus dense chez l'homme.

Ces différences sont évidentes. Mais saviez-vous que l'acuité auditive chez la femme est beaucoup plus développée, et plus particulièrement pendant la période suivant la grossesse, ce qui fait que la mère se réveille plus rapidement aux pleurs de son bébé. Que son olfaction[3] peut être jusqu'à dix fois supérieure à celle de l'homme, spécialement au moment de son ovulation ; les mères peuvent même reconnaître, à l'odeur, les langes qui ont emmailloté leur bébé. C'est pour cette raison qu'elles sont aussi plus sensibles aux odeurs dégagées par leur homme.

La femme est plus sensible au toucher et elle peut reconnaître plus de saveurs que l'homme. En fait, seul l'acuité visuelle diurne semble être le seul sens où l'homme est supérieur à sa compagne. Dès que nous connaissons ces différences, nous ne pouvons plus faire comme si de rien n'était : les hommes doivent tenir compte de la plus grande sensibilité des femmes, les femmes doivent tenir compte de certains handicaps des hommes et cesser de les accuser de mauvaise foi ou leur dire que

« Si tu m'aimais vraiment,... »

1. Néologisme, du mot anglais intrusiveness.
2. Puberté : ensemble des transformations physiologiques dues à l'activité des glandes reproductrices.
3. Le nourrisson serait plus réceptif à l'odeur de sa mère qu'à celle de son père, ce qui expliquerait pourquoi il cesse si rapidement de pleurer lorsqu'il passe des bras de son père à ceux de sa mère.

# Chapitre 6

## Et le cerveau?

*«Le corps n'est pas un instrument;
il est ce qui permet à l'esprit de fonctionner.»*
Merleau-Ponty

Les mesures anthropométriques du siècle dernier n'avaient tenu compte que du poids du cerveau pour établir la suprématie de l'homme sur la femme. Il est vrai que le cerveau de l'homme (en moyenne 1 375 grammes ou 3 lbs) est légèrement plus large et plus pesant que celui de la femme, tout comme l'ensemble de son corps est plus large et pesant, mais cette différence ne lui apporte aucun avantage.

On sait, aujourd'hui, que c'est plutôt le poids du cerveau en rapport avec le poids du corps qui explique la supériorité du cerveau humain. En tenant compte de ce fait, on peut comparer les deux cerveaux non pas pour essayer d'établir la supériorité de l'un par rapport à l'autre mais plutôt pour essayer de comprendre l'origine des différences homme - femme.

Bien que les deux cerveaux possèdent les mêmes structures, ils présentent des différences qualitatives importantes pouvant, là aussi, expliquer certaines différences homme - femme. Les observations effectuées sur le cerveau après la mort de leurs propriétaires, sur le cerveau des animaux et sur le cerveau d'humains atteints de lésions cérébrales nous ont permis de mieux comprendre son fonctionnement et de constater plusieurs différences dans l'organisation du cerveau mâle et femelle.

Une première différence se trouve au niveau des hémisphères cérébraux. Chez l'homme, le cerveau gauche (appelé autrefois dominant) est généralement plus développé que l'hémisphère droit alors que chez la femme, les deux hémisphères ont sensiblement le même volume. L'hémisphère gauche analytique est le siège de la logique, du raisonnement, de la pensée rationnelle, du langage; l'hémisphère droit plutôt holistique se spécialise dans l'expression des émotions, la compréhension, l'exécution des tâches visuelles et la perception des relations spatiales. Pour Yanick Villedieu[1], l'hémisphère gauche est celui qui enfile les perles une à une dans un collier alors que l'hémisphère droit est celui qui voit le collier autour du cou.

Une deuxième différence, très importante celle-là, réside au niveau du corps calleux. Le corps calleux consiste en une large bande médullaire blanche qui réunit les deux hémisphères du cerveau des mammifères. C'est le corps calleux qui donne accès, entre autres, à l'information emmagasinée dans les deux hémisphères. C'est lui aussi qui gère les interrelations entre les deux hémisphères. Or, ce corps calleux est 40 % plus développée chez la femme, ce qui lui donnerait un accès plus grand et plus rapide à son cerveau émotif et à sa mémoire. L'homme est toujours surpris de constater que sa femme n'a jamais oublié (ou pardonné) certains détails de sa nuit de noces… vingt ans après.

Une troisième différence a trait au système limbique dont l'hypothalamus est l'élément le plus important. L'hypothalamus gère quatre fonctions corporelles appelées les 4 A : l'alimentation, l'accès de fuite, l'agressivité et l'activité sexuelle. D'après Roger Gorski, cité par Tanenbaum dans *Découvrir nos différences*, l'hypothalamus serait beaucoup plus gros chez l'homme que chez la femme. De plus, l'hypothalamus qui contrôle la circulation des hormones dans le corps aurait été fortement influencé par les hormones sexuelles avant la naissance. L'hypothalamus serait donc notre véritable organe sexuel et c'est lui qui sexualiserait notre cerveau, notre corps et, de ce fait, notre comportement sexuel et probablement l'ensemble de nos attitudes et de nos comportements.

Or, chez l'homme l'hypothalamus ne peut interpréter deux types d'informations à la fois tandis qu'il peut le faire chez la femme, même si son hypothalamus est plus petit. Concrètement, cela veut dire que l'homme ne peut à la fois se concentrer sur ses sensations de plaisir et parler d'amour à sa partenaire, alors que la femme peut facilement ressentir du plaisir tout en exprimant verbalement son amour à son amant.

En résumé, il est de plus en plus évident que le cerveau de la femme est moins latéralisé et travaille d'une façon plus globale alors que le cerveau de l'homme fonctionne de façon spécialisée et structurée. Le cerveau féminin présente une distribution plus diffuse de ses aptitudes, alors que celui de l'homme présente une distribution plus localisée de ses aptitudes. Le cerveau de la femme fonctionne comme un radar et a facilement accès à l'ensemble de ses ressources, chacun de ses deux hémisphères pouvant facilement communiquer entre eux.

Les deux hémisphères du cerveau de l'homme étant spécialisés, ils parlent donc des langages différents. Le cerveau masculin a besoin de se concentrer, de faire une mise au point, tel un télescope ou un microscope, pour être fonctionnel. En conséquence, si, par exemple, le centre de la parole ou du plaisir chez l'homme fait l'objet d'un traumatisme ou d'une lésion, il risque fort de perdre à tout jamais les fonctions associées à ces centres alors que chez la femme le reste de son cerveau va prendre la relève et compenser, en partie ou en totalité, la perte ainsi provoquée. Cela expliquerait aussi pourquoi l'homme concentré sur une tâche (la lecture du journal, par exemple) semble complètement coupé de son environnement et «n'entend pas ou ne voit pas» sa compagne.

La neuropsychologie est une science qui étudie les phénomènes psychiques en relation avec la physiologie et la pathologie du système nerveux. Ce sont cette science et la nouvelle science de l'homme et de la femme qui nous permettent aujourd'hui d'affirmer que les différences entre les hommes et les femmes ne sont pas que culturelles. Il existe réellement des différences de nature entre l'homme et la femme.

Par exemple, la moyenne obtenue par les femmes aux sous-tests d'intelligence qui font appel aux aptitudes verbales est toujours supérieure à celle obtenue par les hommes. De même, la moyenne obtenue par les hommes aux sous-tests d'intelligence qui font appel aux aptitudes visuo-spatiales est toujours supérieure à celle obtenue par les femmes. Cela expliquerait la plus grande facilité des femmes pour la communication verbale et l'apprentissage des langues et la plus grande facilité des hommes à se retrouver dans le temps et l'espace (lire une carte géographique, par exemple). Ce qui ne veut par dire qu'il existe une différence quantitative entre les deux intelligences; nous parlons ici d'une différence qualitative. Et il ne faut surtout pas oublier que ces différences sont en termes de moyennes statistiques et non pas de différences individuelles, beaucoup de femmes n'éprouvant aucune difficulté à lire une carte géographique et beaucoup d'hommes à jouer avec les mots.

La neuropsychologie et la nouvelle psychologie différentielle des sexes sont deux sciences encore jeunes, mais elles sont remplies de promesse pour la compréhension du comportement humain, surtout si les psychologues, les sociologues et les anthropologues acceptent de les intégrer à leur analyse de l'être humain au lieu de continuer à trouver suspect et sexiste tout scientifique qui s'y intéresse.

«Nombre de savants ont été traités d'obsédés de la biologie, de dissidents ennemis de la psychologie, d'autocrates, d'antiféministes. Un certain nombre — de sexe féminin pour la plupart — nous ont fait part de leurs difficultés à obtenir des subventions et publier des articles dans les journaux spécialisés. Le motif des refus n'était pas le manque d'intérêt du sujet de recherche, mais le fait que, selon les termes mêmes d'un des évaluateurs, «ce travail ne devait pas être fait». Il était perçu comme antihumaniste.»[2]

Les différences biologiques entre l'homme et la femme sont facilement identifiables et difficilement contestables, car mesurables. La bi-sexualité est une stratégie économique que la nature a inventée et constitue ni plus ni moins qu'un partage des tâche nécessaires à la reproduction et la survie de l'espèce humaine et de beaucoup d'autres espèces animales. Plus nous connaîtrons notre nature, plus nous l'accepterons dans ce qu'elle a de meilleur, plus nous pourrons utiliser la culture pour en canaliser les forces. La culture se doit de compléter la nature et non chercher à la contrôler en niant, entre autres, les différences entre la mâlitùde et la féminitude.

---

1. Villedieu, Yanick, Le miracle de notre cerveau, *Actualité*, août 97
2. Durden-Smith, Jo et Diane Desimone, *Le sexe et le cerveau* , pp 16-17.

# Chapitre 7

## Les différences psychologiques et comportementales

*«Nous, les hommes,*
*avons une plus grande capacité d'adaptation.*
*Vous, les femmes,*
*serez toujours à la recherche de la perfection»*
Rapporté par Sylvie Painchaud, journaliste

Il serait illusoire, et tout à fait anti-scientifique, de croire que tant de différences génétiques, gonadiques, hormonales, anatomiques et cérébrales ne puissent avoir de répercussions sur la psychologie et le comportement de l'homme et de la femme. Si la psychologie différentielle des sexes du siècle dernier a fait l'erreur d'utiliser l'homme comme norme pour pouvoir inférioriser la femme et l'emprisonner dans des rôles subalternes limités à la grossesse, à l'éducation des enfants et à la nourriture, il serait tout aussi erroné, et dangereux, de croire que nous sommes identiques. L'homme et la femme sont égaux, mais différents, qualitativement et non quantitativement.

Des livres tels *Découvrir nos différences* de Jo Tanenbaum, *L'homme vient de Mars, la femme vient de Vénus* de John Gray,

*Décidément, tu ne me comprends pas* de Deborah Tannen, *Les secrets sur les hommes* de Barbara DeAngelis, et beaucoup d'autres listés dans la bibliographie de ce livre, ne sont que quelques exemples de textes écrits sur les différences psychologiques et comportementales entre les hommes et les femmes. Encore une fois, sans entrer dans les détails, voici un survol de quelques-unes des conclusions de ces auteurs, conclusions basées sur la recherche scientifique et l'expérience clinique empirique.

D'après Tanenbaum, il existe quatre modes de perception de la réalité : les modes physique, émotionnel, intellectuel et spirituel (dans le sens relationnel du terme). Alors que les femmes peuvent plus facilement naviguer de l'un à l'autre mode, l'homme serait plus à l'aise avec les modes physique et intellectuel. L'homme, par exemple, a des pensées tristes ou heureuses (intellectuel) et il exprime ses sentiments avec son corps (physique); l'action est la priorité de l'homme. La femme, quant à elle, ressent la tristesse et peut même avoir des émotions, sans raison aucune, ce qui est très difficile à comprendre pour l'homme. Alors que l'homme exprime sa spiritualité de façon physique (érection de cathédrales) ou intellectuelle (théologie ou philosophie), la femme vit et décrit son expérience spirituelle de façon directe, en termes émotifs; la relation entre elle et l'environnement est la priorité de la femme.

Pour l'homme, l'émotion est l'expression d'un problème, d'un conflit; il s'agit alors pour lui de trouver la source, la cause de l'émotion pour pouvoir la faire disparaître et retrouver la paix de son esprit. Pour la femme, l'émotion devient un prétexte à la relation; elle veut l'exprimer, la partager et recevoir les émotions des autres en retour.

Si une femme exprime une émotion à son homme, ce dernier imagine automatiquement qu'il fait partie du problème, qu'il est la ou une des causes du problème à la source de l'émotion ; c'est pourquoi il réagit souvent par la défensive. Pour aider sa partenaire, il va rechercher des solutions au problème afin de faire disparaître l'émotion. C'est ce qui fait croire à la femme que l'homme cherche à la « réparer » ou qu'il cherche toujours à avoir le dernier mot puisqu'il traduit l'émotion en termes intellectuels.

L'homme fonctionnant de façon rationnelle et séquentielle, il voudra, par exemple, faire l'amour de la même façon : le désir est la cause, les caresses et les « pitons » sont les moyens, l'orgasme réciproque en constitue l'objectif. Fonctionnant de façon linéaire, l'homme sera en général moins flexible lorsque la femme voudra modifier cette planification afin d'ajouter du piquant dans la relation : parler d'amour, mais non le faire ; se caresser, se toucher, s'explorer de différentes façons en dehors de la pénétration ; ne pas viser l'orgasme, simultané ou non, à chaque relation.

Deborah Tannen, spécialiste reconnue en sociolinguistique, a analysé et décortiqué les styles de conversation entre les hommes et les femmes pour essayer de comprendre pourquoi ils ont tant de difficultés à communiquer entre eux. Elle a ainsi démontré que les hommes parlaient tout autant que les femmes, sauf qu'ils ne parlaient pas dans les mêmes circonstances, des mêmes sujets, ni pour les mêmes objectifs. Pour elle, « la communication mâle - femelle est une communication interculturelle ». Il y aurait plus de différences dans la façon de communiquer entre l'homme et la femme qu'il y en aurait entre le macho québécois, le cow-boy américain et le samouraï japonais.

Les femmes se réfèrent à un langage de rapport et d'intimité ; elles utilisent le langage pour être en relation et pour exprimer leurs états d'âme. L'homme utilise le langage pour donner ou aller chercher de l'information ; pour l'homme, le langage possède une fonction utilitaire et est utilisé pour préserver son indépendance. Les hommes parlent de faits objectifs, les femmes de connexions affectives. La femme parle davantage dans l'intimité, alors que l'homme veut profiter de l'intimité pour se reposer et refaire le plein d'énergie, en silence.

L'homme parle davantage lorsqu'il a un public, «l'homme fait des discours que la femme fait semblant d'écouter», car pour elle c'est l'intimité qui importe et non le statut. De plus, les hommes ne parlent en public que lorsqu'il n'y a qu'une seule personne à la fois qui parle, alors que les femmes vont plus facilement parler en public lorsque plus d'une voix se fait entendre. Dans leur façon de parler, les femmes recherchent surtout l'approbation alors que les hommes défient toute autorité. Les femmes racontent leurs ennuis ou leurs petits malheurs pour établir le contact ; l'homme reçoit l'expression de ces ennuis ou malheurs comme des reproches ou des critiques qu'on leur adresse. Elle termine son livre en se demandant si «la langue de l'autre sexe peut être enseignée ?».

Gregory Bateson[1] a nommé «schismogenèse complémentaire» la réaction en chaîne par laquelle la réponse de l'un des partenaires à la provocation de l'autre entraîne des comportements réciproques toujours plus divergents. Cette escalade se produit parce que les hommes et les femmes ont des sensibilités divergentes et qu'ils vivent dans deux mondes tout à fait différents, avec des attentes et des croyances différentes.

*Les hommes viennent de mars, les femmes viennent de Vénus* de John Gray est devenu un best-seller aux États-Unis et se vend très bien dans sa traduction française parce qu'il exprime de façon simple, concise et concrète ce que la majorité des gens ont «instinctivement» perçu. «Je n'ai plus l'impression d'être anormal» disent la majorité de ses lecteurs, sauf les intellectuel(le)s féministes à la recherche de l'androgyne comme d'autres recherchent la fontaine de Jouvence ou l'élixir de jeunesse. Ce livre propose de nouvelles règles, basées sur les différences homme - femme, afin de réduire les tensions dans les couples.

Il y explique que les valeurs primordiales du Martien sont le pouvoir, la compétence, l'efficacité et l'accomplissement, qu'ils s'intéressent davantage aux choses et aux objets, qu'il est important pour lui de prouver sa compétence et d'atteindre ses objectifs par lui-même, que demander de l'aide est pour lui un signe de faiblesse, qu'il est honoré lorsqu'on fait appel à ses connaissances et qu'il ne sait pas que le fait de parler de ses problèmes n'est pas une invitation à offrir une solution...

Il y explique aussi que la Vénusienne valorise surtout l'amour, la communication, la beauté et les relations, qu'elle s'intéresse davantage aux personnes et aux sentiments, qu'il est important pour elle de se sentir aimée pour elle-même, que d'offrir de l'aide est une marque d'affection, qu'elle est honorée lorsqu'on lui porte des marques d'attention, que de parler de ses problèmes est une ouverture sur autrui et une marque d'amour...

Pour se sentir mieux, le Martien s'isole, la Vénusienne téléphone. Le Martien veut faire l'amour pour régler une dispute ; la Vénusienne veut régler la dispute avant de faire l'amour. Le Martien offre une bouquet de 24 roses pour prouver son amour ; la Vénusienne préfère recevoir 24 fois une rose et, de préférence, différente à chaque fois. Le Martien achète la paix par le silence ne sachant pas qu'il provoque la guerre pour la Vénusienne qui, elle, ne sait pas que de le forcer à parler avant qu'il ne soit prêt à le faire est une déclaration de guerre qui amène le Martien à se retirer davantage et à exploser si la Vénusienne continue de vouloir forcer la relation à tout prix.

Le Martien a besoin d'une raison pour parler; la Vénusienne parle en plus pour le plaisir. Le Martien a besoin d'espace; la Vénusienne a besoin de compréhension. Le Martien a besoin de confiance, d'acceptation, d'appréciation, d'admiration, d'approbation et d'encouragement; la Vénusienne a besoin d'attention, de compréhension, de respect, de dévotion, de valorisation de ses sentiments, d'assurance. Le Martien essaie à tort d'«arranger» la Vénusienne qui elle essaie à tort d'«améliorer» le Martien. Pour la Vénusienne, les petites choses font une grande différence; le Martien concentre ses énergies sur une affaire importante et minimise les petites choses.

Ainsi de suite...

---

1. Bateson, Gregory, *La nature et la pensée*, Éd. Le Seuil, Paris, 1984.

# Chapitre 8

## Opposition ou complémentarité

*«Peut-être sommes-nous venus*
*à bord de vaisseaux différents,*
*mais nous sommes tous*
*dans le même vaisseau désormais.»*
Martin Luther King, fils

Qui peut encore croire, à l'aube des années 2000, que l'homme et la femme sont des êtres identiques parce qu'appartenant au genre humain ? Que nous soyons égaux, il ne fait aucun doute ; mais nous sommes différents. La tâche de la psychologie moderne, à l'aide des découvertes de la neuropsychologie et de la nouvelle science de l'homme et de la femme, sera de mieux définir et comprendre ces différences, de les valoriser afin de mieux les intégrer dans notre vécu quotidien au plus grand bonheur des couples car, nous le répétons, ces différences sont complémentaires et ont été développées par la nature pour des raisons d'économie.

Lorsqu'on demande aux hommes et aux femmes ce qu'ils voudraient changer chez l'autre sexe, l'on constate trois choses :

1. la projection est un mécanisme psychologique très fort puisque les changements demandés par l'un et l'autre sexe correspondent aux caractéristiques du sexe demandeur;

2. l'un et l'autre sexe acceptent difficilement que l'autre soit différent; et

3. les changements demandés sont contradictoires.

Voici d'ailleurs la liste des douze principaux changements demandés à l'autre sexe. Cette liste fut dressée à partir des commentaires reçus par Joe Tanenbaum lors de groupes de discussions homme - homme, femme - femme et homme - femme. Vous retrouverez cette liste, et beaucoup plus, dans son livre *Découvrir nos différences*.

Les hommes voudraient que les femmes...

1. Parlent moins souvent;
2. Soient moins émotives;
3. Se dépensent plus physiquement;
4. Soient moins romantiques;
5. Fassent l'amour plus souvent;
6. S'occupent moins des «autres»;
7. Soient plus rationnelles;
8. S'occupent plus de leur carrière;
9. Restent plus souvent à la maison;
10. Soient moins sensibles;
11. Soient plus ponctuelles;
12. Se préparent plus rapidement;

Les femmes voudraient que les hommes...

1. Parlent plus souvent;
2. Soient plus émotifs;

3. Se dépensent moins physiquement ;
4. Soient plus romantiques ;
5. Soient plus sensuels et moins génital ;
6. S'occupent plus des « autres » ;
7. Soient plus spontanés ;
8. S'occupent moins de leur travail et plus de leur famille ;
9. Sortent plus souvent ;
10. Montrent plus de compassion ;
11. Soient moins pressés ;
12. Se préoccupent plus de leur hygiène.

En comparant un à un les désirs des hommes et des femmes, on a vraiment l'impression d'assister à une bataille rangée où chacun essaie de démontrer à l'autre qu'il a raison d'être comme il ou elle est, que l'autre doit changer et que s'il ou elle ne le fait pas, c'est qu'il ou elle est de mauvaise foi ou qu'il ou elle n'a pas autant d'amour qu'il ou elle veut bien le dire. Chacun présente sa perception comme la norme à suivre. Tous deux croient que tout est question d'amour ou de volonté, ne sachant pas qu'il existe des différences de nature pouvant expliquer ces différences, et les difficultés de communication qui s'ensuivent.

Les différences entre les hommes et les femmes doivent être reconnues et valorisées et non pas être utilisées pour « normaliser » l'autre sexe. Ce faisant, on  cessera peut être de s'accuser l'un et l'autre de mauvaise foi ou de refus de communiquer parce que notre vision du monde est différente et que le verbe « communiquer » se conjugue différemment selon que l'on est homme ou femme.

Vous trouverez en annexe I une foule de Saviez vous que… concernant d'autres différences observées entre les hommes et les femmes, différences qui peuvent difficilement être contestées et qui suscitent de nombreuses interrogations.

# Deuxième partie

## Les Règles

*« Ce n'est pas tant la façon dont on fait l'amour,*
*mais la façon dont on fait la guerre*
*qui détermine la satisfaction du couple.*
*Le meilleur prédicteur du divorce*
*est la gestion des conflits. »*
Howard Markman, psychologue

Les dix règles décrites dans la deuxième partie de ce livre explorent dix dimensions de la perception masculine et féminine de la vie et de la communication. Je me suis inspiré de plusieurs auteurs pour l'élaboration de ces règles, entre autres Deborah DeAngelis et Joe Tanenbaum dont vous trouverez les références dans la bibliographie. Les exemples viennent la plupart du temps de situations vécues ou de discussions entendues lors de ma pratique professionnelle.

D'après le Petit Larousse, une règle est un principe de conduite.

# Règle no 1

## Posez des questions précises

*«Les hommes se plaignent de ne plus avoir de modèles,*
*de ne pas savoir ce que nous, femmes, voulons.*
*Nous leur avons proposé d'être des hommes roses,*
*ils ont accepté, et nous sommes déçues.*
*Comment voulez-vous qu'ils répondent à nos demandes*
*si elles ne sont pas claires.»*
Lise Payette

L'une des erreurs les plus fréquentes commises par les femmes, c'est de croire qu'il s'agit d'exprimer leur désir de parler pour que l'homme devienne automatiquement un moulin à paroles.

L'homme répondra toujours de la même façon aux interventions suivantes :

«Chéri, parle-moi!» ou
«J'aimerais ça que l'on parle de nous!» ou encore
«Tu ne me dis jamais rien!» ou
«Ça fait longtemps que l'on ne s'est pas parlé!».

Il vous répondra certainement quelque chose comme :

« De quoi veux-tu parler ? » ou
« C'est quoi le problème ? » ou encore
« Tu ne vois pas que je suis en train de faire quelque chose ! »
ou
« Pas ce soir chérie, il est trop tard ! ».

Les femmes, entre elles, sont capables à partir d'un « Viens, on va parler » d'entreprendre une conversation de longue durée : elles exprimeront ce qui leur passe par la tête ; elles se poseront mutuellement des questions ; elles raconteront ce qu'elles ont fait ou ce qu'elles pensent de tel sujet ou de telle personne. Ce qu'elles vont se dire a certes de l'importance mais moins que le fait d'« être ensemble et de parler ».

Pour parler, l'homme a besoin de savoir :

1. Pourquoi il va parler ;

2. De quoi il va parler ;

3. La pertinence de la discussion ;

4. Où la conversation va le mener ; et

5. S'il y a un temps limite pour discuter.

Peu importe l'activité, l'homme éprouve du plaisir lorsqu'il connait bien les règles et qu'il sent qu'il peut les contrôler. L'homme fonctionne beaucoup mieux lorsqu'il connait les limites de sa participation et l'objectif de cette participation. L'homme fonctionne par objectif alors que la femme est orientée vers le processus.

Remarquez, par exemple, comment se fait la majorité des conversations téléphoniques des hommes et des femmes. L'homme téléphone généralement parce qu'il a besoin d'une information précise et raccroche dès qu'il l'a obtenue, sans s'informer des dernières nouvelles concernant la personne qu'il vient d'appeler ; non pas parce qu'il ne s'intéresse pas à la personne appelée, mais plutôt parce qu'il est concentré sur la raison de son appel.

La femme, quant à elle, n'a pas besoin de prétexte pour téléphoner et peut passer facilement de longues minutes à prendre et à échanger des nouvelles sur de multiples sujets et non seulement sur la raison de son appel, si raison il y a. De toute façon, la plus grande partie de ses appels téléphoniques consiste à rétablir le contact ou tout simplement a entretenir la relation. C'est ce que la majorité des hommes appellent du « placotage » ou du « mémérage ».

Si vous êtes trop vagues dans vos demandes de communication avec les hommes, voici ce qui pourrait arriver :

1. Vous ne réussirez pas à attirer son attention ;

2. Il aura de la réticence à vous parler ;

3. Il vous convaincra que ça ne vaut pas la peine d'en parler ;

4. Il voudra remettre la discussion à plus tard ;

5. Pire, il pensera que vous avez un problème et qu'il est en cause.

Dans tous ces cas, vous aurez, avec raison, l'impression de le déranger. Ne dites donc pas :

« Comment te sens-tu ? » ou
« Comment ca s'est passé aujourd'hui ? » ou
« Comment ça va au travail ? »

Il vous répondra probablement :

«Très bien!» ou
«Pas si mal» ou
«Ça s'est bien passé» ou
«Oui, oui, ça va!».

Dites plutôt :

«Mon chéri, comment as-tu finalement réglé ce différend avec ton patron? Est-ce que cela s'est passé comme tu l'avais imaginé?»

Vous aurez ainsi de meilleures chances qu'il élabore quelque peu sa réponse. Et si vous commencez vos phrases par des mots doux tels chéri, amour, chaton... vous risquez moins qu'il adopte immédiatement une attitude défensive.

Ne lui dites pas :

«Pierre, il faut qu'on discute de nous!».

Il vous répondra probablement :

«Qu'est-ce qu'il y a encore?» ou
«Qu'est-ce que j'ai encore fait?»

Dites plutôt :

«Chéri, j'aime quand on parle de nous, quand on évalue nos forces et faiblesses en tant que couple. Tu sais comment je suis, j'ai besoin d'être rassurée et j'aimerais tellement que ça puisse durer longtemps nous deux. Je t'aimerais encore plus si on prenait un petit dix minutes pour se parler».

Peu d'hommes vont résister à une telle invitation car ils voient un objectif précis à la conversation et vous lui dites exactement de quoi vous voulez parler. De plus, vous avez utiliser des messages «Je» (Règle # 10). Vous lui avez dit pourquoi et de quoi vous vouliez parler; vous lui avez aussi montré l'utilité de prendre quelques moments pour parler de vous deux et lui avez exprimé les avantages qu'il pourrait en retirer.

Voilà donc la première règle que vous pouvez utiliser afin que votre «Chéri» élabore davantage ses réponses : il faut vous rappelez que les hommes communiquent beaucoup mieux sur un sujet précis et posez des questions précises sur des sujets précis.

# Règle no 2

## Respectez son silence

*«À force d'être poussé à communiquer,*
*le couple est guetté par la surdose émotive.*
*L'ennui, c'est que nous, les gars,*
*on préfère s'écouter aimer.*
*Sans bruit de fond.»*
Richard Martineau, journaliste

Il arrive très souvent que votre homme ne réponde pas immédiate-ment à la question que vous venez de lui poser. Vous avez alors l'impression qu'il ne vous a pas entendu ou, pire encore, que vous n'êtes pas intéressante. Ce qui peut vous amener à devenir agres-sive et à dire :

«Est-ce que tu m'écoutes quand je te parle» ou
«J'ai vraiment l'impression que tu ne m'écoutes jamais».

À la longue, vous pouvez même en arriver à déprimer car les femmes qui ne communiquent pas ou n'ont pas l'impression d'être écoutées ont tendance à déprimer.

En fait, votre compagnon a très bien, la plupart du temps, entendu votre question, mais, comme il ne possède pas la réponse, il préfère se taire et réfléchir à votre question. Les hommes pensent en silence et ne communique que le résultat final de leur réflexion.

Ce qu'il faut comprendre ici, c'est que les hommes ont horreur de se tromper et ne veulent pas laisser voir leurs peurs ou leurs incertitudes. Voulant toujours trouver la bonne réponse, ils prennent le temps de réfléchir avant de répondre. C'est pourquoi ils ne répondent pas immédiatement à votre question ou vous demande du temps pour y réfléchir.

D'après Joe Tanenbaum, l'homme aborde la communication en trois étapes :

1. Tout d'abord, il réfléchit ;

2. Ensuite, il emmagasine ; et

3. Finalement, il communique.

Pendant qu'il réfléchit, l'homme ne ressent pas le besoin de dire qu'il est en train de réfléchir tout comme il ne juge pas encore nécessaire de communiquer le contenu de ses pensées. Il emmagasine le contenu de ses réflexions. En se taisant, cela lui permet de maîtriser la situation. Après avoir évalué toutes les réponses possibles, il choisit celle qui lui semble la meilleure et la communique. Ces trois étapes peuvent prendre quelques secondes seulement ou… des semaines.

Les femmes, quant à elles, ont tendance à penser à voix haute afin de tenir l'autre au courant de ses états d'âme et de démontrer qu'elles envisagent tous les aspects de la situation à laquelle elle peut penser, ce qui a le don d'exaspérer les hommes. Cette exaspération se manifeste par des réactions telles que :

«Chérie, s'il-te-plait, viens-en au fait.»
«Qu'est-ce que tu veux dire, là?»
«Fais-toi une idée, maudit.»

Demandez à un homme le déroulement de son après-midi et il vous répondra généralement : «Ça bien (ou mal) été». Posez la même question à une femme et... prenez le temps de vous asseoir. Elle vous racontera non seulement tout ce qui lui est arrivé durant l'après-midi, mais aussi toutes les émotions qu'elle aura vécues et les pensées qui l'auront habitées durant l'après-midi.

Voici un exemple rapporté par la psychologue Barbara DeAngelis. C'est Sylvie qui parle à Pierre, son mari :

«Bon, ce matin, je vais aller porter ton complet chez le nettoyeur. Je voulais le laisser hier, mais j'ai été retenue à la réunion jusqu'à six heures. Ensuite, puisque je serai toute proche, je vais passer par le magasin pour rapporter ce pantalon que j'ai acheté la semaine dernière ; tu sais, celui qui a une petite tache, juste là, sur le devant. En réalité, je devrais peut-être aller au magasin d'abord, parce qu'il y aura moins de monde, puis passer chez le nettoyeur après. Oui, je pense que ça va aller mieux ainsi. C'est tellement difficile de stationner au mail, quand c'est achalandé. Oh! j'ai presque oublié, j'ai promis à Claudette de lui donner le numéro de téléphone de mon acupuncteur. Je ferais mieux d'aller l'écrire. Où est-ce que j'ai laissé mon agenda? Chéri, as-tu vu mon livre de rendez-vous quelque part? Bon, voyons! La dernière fois que je l'avais, c'est quand je parlais au téléphone, dans la cuisine...»

Et maintenant, écoutons Pierre parlant à sa femme, Sylvie :

«Chérie, j'ai une foule de courses à faire ce matin, je te verrai plus tard!»

Sylvie ne veut pas vraiment communiquer toute cette information à Pierre. Pour elle, penser à voix haute est tout à fait normal, lui permet de planifier son avant-midi et ainsi de mieux contrôler la situation. Par contre, Pierre ressent ce que tous les hommes ressentent dans cette situation : il trouve que Sylvie parle beaucoup trop et il va avoir tendance à se couper d'un tel flux de parole, ce qui va donner à Sylvie l'impression qu'il ne l'écoute pas. Et comme Pierre ne détaille pas ses projets d'activités matinales, Sylvie peut en déduire qu'il n'est pas vraiment intéressé par elle ou, pire encore, qu'il lui cache des choses.

Les hommes pensent en fonction des solutions à apporter aux problèmes ; les femmes pensent, là aussi, en fonction du processus. Quand un homme dit que les femmes parlent trop, il veut dire que les femmes racontent plus de choses qu'eux sont prêts ou veulent entendre. Pour les femmes, tout dire est un signe d'amour tout à fait normal ; pour les hommes, c'est excessif et étourdissant. Vous avez souvent l'impression qu'il ne vous écoute pas ou n'est pas intéressé par vos propos ; lui croit plutôt que vous faites exprès pour le torturer.

Les hommes veulent connaître votre conclusion en 25 mots ou moins, ne comprenant pas que votre habitude de parler de vos pensées et sentiments vous aide à les comprendre et les solutionner. Quand un homme entend sa femme réciter une litanie de pensées, surtout négatives, il ne comprend pas que pour vous c'est une façon de soulager vos tensions internes ; il vous traite plutôt de chialeuse.

Les femmes se plaignent à voix haute et veulent partager leurs récriminations pour se libérer. Les hommes ruminent leurs problèmes en silence et cherchent, seuls, la solution à leurs problèmes, ne voulant surtout pas préoccuper les autres avec «leurs» hésitations.

L'homme ne demandera de l'aide qu'en dernière analyse, lorsqu'il a épuisé toutes ses ressources et qu'il n'a pu trouver la solution à son problème. Mais pour lui, c'est un signe de faiblesse. Pour la femme, demander de l'aide est une preuve qu'elle estime la personne à qui elle se confie.

Quand l'homme entend sa femme exprimer ses préoccupations à voix haute, il croit qu'elle est passée par les trois étapes décrites ci-dessus et qu'elle n'est donc pas parvenue à trouver de solution à son problème. Selon la psychologue Barbara DeAngelis[1], l'homme peut alors réagir de trois façons :

1. Il s'impatiente car il interprète que vous tournez en rond, incapable de trouver la solution à votre problème ;

2. Il se croit responsable de trouver la solution et se voit imposer une tâche supplémentaire, i.e. trouver la solution à votre place;

3. Il vous pousse à trouver des solutions, ce qui vous donne l'impression qu'il vous trouve idiote et veut vous « réparer ».

Comment réagir au fait que les hommes pensent en silence et ont besoin de temps pour le faire et que vous, les femmes, pensiez à voix haute et exprimiez vos projets, vos joies et toutes vos doléances au fur et à mesure (ce qui est une excellente prévention anti-ulcères)? Voici la règle, en trois points suggérée, par Barbara DeAngelis[1] :

1. Dites à votre homme que c'est votre façon de penser et de parler ; échangez ensemble sur vos différences dans la façon dont vous abordez la communication ; riez de ces différences.

2. Donnez-lui le temps de trouver une réponse. Par exemple, vous voulez faire une excursion, mais ne savez pas si vous voulez partir le jeudi soir ou le vendredi matin. Ne faites jamais l'erreur de donner tous les pour et les contre et de lui demandez de prendre position immédiatement. Dites-lui plutôt votre hésitation et demandez-lui s'il veut en parler immédiatement ou s'il veut y penser avant de donner sa réponse. Il se sentira respecté dans sa manière d'être et ne se sentira pas coincé au pied du mur.

3. Avertissez votre partenaire que vous allez vous plaindre à voix haute et videz tout votre sac afin de pouvoir trouver une solution à ce qui vous préoccupe. L'homme averti en valant deux, il en rira probablement au lieu de se mettre en colère.

Pour bien comprendre que, pour les hommes, les silences font aussi partie de la communication, imaginez deux hommes passant une journée de pêche dans une chaloupe. Vont-ils se parler et, si oui, de quoi vont-ils parler? Maintenant, remplacez ces deux hommes par deux femmes. Que se passera-t-il? Imaginez-vous le même déroulement de la journée? Les mêmes dialogues? Mettez maintenant un homme à la place d'une des deux femmes et il y aura certainement plus de roulis et de tangage dans la chaloupe.

Les silences sont, pour les hommes, une façon d'exprimer qu'ils sont en train de réfléchir. Mais, il se peut aussi que son silence soit une façon de vous dire qu'il ne désire pas communiquer verbalement avec vous, du moins pour le moment.

1. DeAngelis, Barbara, *Les secrets sur les hommes que toute femme devrait savoir*, Éd. Edimag, Montréal, 1993, 318 p.

# Règle no 3

## Acceptez sa difficulté à exprimer ses émotions

*«Ce n'est pas parce qu'un homme*
*fait preuve d'une certaine pudeur*
*envers ses émotions*
*qu'il est nécessairement*
*un psychotique en puissance...»*
Richard Martineau, journaliste

Pendant des millénaires, les hommes furent des chasseurs et, pendant tous ces millénaires, ils utilisèrent des pierres et des gourdins pour aller à la chasse. Pour avoir plus de force et augmenter leurs chances de ramener de la nourriture à leur famille, ils se regroupaient et nommaient un chef, généralement le plus fort, pour les diriger sur le meilleur territoire de chasse.

Or, tous les chasseurs vous le confirmeront, la chasse nécessite deux comportements bien précis :

1. À la chasse, tout bruit ou parole sont prohibés afin de ne pas effrayer le gibier ; et

2. La chasse n'est pas l'endroit propice à l'expression de la peur et l'échange de ses émotions. Au contraire, même morts de

peur, tous les hommes devaient, au signal donné par le chef, attaquer la proie qui, elle, défendait vivement sa peau.

Pendant tous ces millénaires, l'homme fut plus longtemps la proie que le prédateur. Il devait non seulement chasser pour vivre, mais aussi se défendre pour survivre, être continuellement sur ses gardes et ne pas se laisser paralyser par ses émotions. Lorsque la peur devient terreur, l'organisme se fige et perd ses moyens de défense. L'homme apprit donc à «ravaler» ses peurs et toutes ses émotions.

Encore aujourd'hui, on apprend à l'enfant mâle à contrôler ses émotions et à être logique et raisonnable. L'homme a été de tout temps conditionné à se couper de ses émotions. Notre société commence à peine à encourager et inculquer aux hommes que l'expression de leurs émotions ne signifie pas faiblesse.

Pendant ce temps, les femmes vivaient au fond des cavernes ou dans des huttes, tout en s'occupant des enfants et en faisant un peu de culture. Elles vivaient en perpétuelles interrelations avec les autres femmes et enfants et ce sont elles qui ont développé le langage verbal comme moyen de communication. Elles ont appris, pendant tous ces millénaires, à apprivoiser leurs émotions et à les exprimer à leurs consoeurs.

Ces émotions tournaient souvent autour de la crainte que les hommes ne reviennent pas avec la nourriture nécessaire à la survie de tous et la peur d'être attaquées par d'autres hommes ou d'autres prédateurs (tigres, hyènes, serpents et autres monstres). Les femmes eurent donc l'occasion d'être en contact avec leurs émotions et purent apprendre à les apprivoiser. Comme ces émotions étaient souvent de qualité «négative», les femmes ont appris à se sécuriser en les exprimant. C'est ce qui fait qu'elles ne se sentent pas infériorisées lorsqu'elles expriment leurs doutes, leurs inquiétudes ou leurs reproches ; tout au contraire, les autres femmes comprenaient ce que chacune ressentait et cela les confortait.

Ce ne fut pas le cas pour le chasseur qui, lui, devait se montrer fort pour sécuriser ses partenaires ; il se devait d'être à toutes épreuves pour démontrer aux autres hommes que l'on pouvait compter sur lui. À travers l'histoire de l'humanité, beaucoup d'hommes sont morts à cause de cette attitude. La survie de l'homme, en tant qu'individu, dépendait essentiellement de sa relation avec les autres hommes alors que la survie de la femme dépendait de sa relation avec l'homme et avec les autres femmes, ce qui a favorisé chez la femme un meilleur développement de sa capacité interrelationnelle.

C'est pour cette raison qu'encore aujourd'hui, quand vous demandez à votre homme ce qui ne va pas (vous le voyez bien, vous, et le sentez très bien qu'il est préoccupé), il vous répond toujours : « Rien, tout va bien, voyons ». Il ne veut surtout pas vous déranger avec ses préoccupations et surtout pas vous donner l'impression qu'il n'est pas capable de trouver, tout seul, la solution à ses problèmes.

Les hommes n'ont pas l'habitude de se livrer à des exercices émotionnels, de parler de leurs sentiments ou d'exprimer des doutes, des incertitudes, des peurs ou de dire qu'ils ne savent pas ou ne peuvent pas. L'homme a appris à être fort. Je ne crois pas qu'on va réussir à changer ce comportement héréditaire en une ou deux générations, même si beaucoup d'hommes y travaillent.

Quand l'homme ressent une émotion, il vit généralement ce que l'on pourrait appeler un « black-out » émotif et mental. Il sait qu'il se passe quelque chose, qu'il éprouve quelque chose ; mais il peut difficilement préciser quoi et ne trouve pas les mots pour exprimer son senti, son vécu.

Quand l'homme refuse de parler de ses émotions, les femmes les accusent généralement d'être insensibles, incapables de tendresse et d'affection. Erreur fatale : l'insensibilité masculine est un mythe. En fait, les hommes sont tout aussi sensibles que les femmes et, dans certains domaines, ils le sont même davantage (entre autres, tout ce qui touche leur sentiment de compétence et leur puissance sexuelle).

Le problème n'est pas que les hommes ne vivent pas d'émotions ; le problème, c'est qu'il ne leur est pas facile d'identifier leurs émotions et qu'ils éprouvent de la difficulté à exprimer ces émotions en mots. Les femmes, ayant appris à mieux défricher le langage non-verbal, savent souvent mieux que leurs partenaires ce que ces derniers ressentent intérieurement. Sauf qu'au lieu d'accepter cette difficulté, elles s'offusquent et se mettent en colère devant ce qu'elles interprètent comme un refus des hommes à communiquer leurs sentiments.

Une deuxième erreur commise par les femmes à ce sujet est de croire que les hommes peuvent identifier leurs émotions aussi rapidement qu'elles et qu'ils sont toujours capables de reconnaître leurs émotions cachées et partager leurs craintes et leurs faiblesses comme les femmes peuvent facilement le faire. En un mot, elles croient que les hommes sont des êtres aussi émotifs et expressifs qu'elles le sont.

Et n'allez pas croire, troisième erreur, que parce que vous rencontrez un homme instruit, bien articulé, versée en philosophie et en psychologie, capable de donner des conférences sur les relations hommes - femmes ou d'écrire des livres sur la communication, n'allez pas croire que cet homme possède automatiquement une facilité d'expression émotionnelle dans sa vie quotidienne. Par contre, il est sûr que celui-ci a pris le temps de réfléchir au sujet et qu'il essaie de vous donner ce qu'il croit être les meilleures réponses.

Si vous n'acceptez pas les réactions de l'homme face à ses émotions et que vous le poussez au pied du mur, il va probablement essayer de changer de sujet ou encore vous attaquer verbalement. Il espère ainsi gagner du temps pour mieux comprendre ce qui se passe en lui et trouver la bonne réponse ou réplique.

Il vous dira, par exemple :

1. « Tu t'en fais pour rien ; » ou

2. « Tu es trop émotive ; » ou

3. « Tu t'es encore fait influencer par ta soeur. »

S'il se sent vraiment menacé ou effrayé, il essaiera de vous faire abandonner le langage du coeur pour vous amener sur le terrain du langage de la tête où il se sent beaucoup plus à l'aise. Il vous dira, par exemple :

1. « Tu parles comme une vraie névrosée ; écoutes-toi donc ! » ou

2. « T'es en train de perdre les pédales ; » ou

3. « Je peux pas croire que t'es en train de craquer ; » ou bien

4. « Calme-toi, tu deviens hystérique ; » ou encore

5. « T'es tellement hypersensible et dépendante. »

Généralement, vous décrochez de votre discours émotif, ne comprenant pas que c'est lui qui devient émotif ; vous vous engagez alors sur une bataille intellectuelle que vous avez de fortes chances de perdre. Peu importe ce qu'il vous dira, il réussira à détourner la conversation; vous commencerez à vous sentir coupable ou furieuse et finirez par dire :

« Tu ne comprendras jamais rien » ou
« Tu veux toujours avoir le dernier mot ».

Quand les femmes parlent de leurs émotions ou veulent parler de leurs émotions, les hommes ont souvent l'impression, à tort, qu'elles ont quelque chose à leur reprocher. Les hommes se sentent facilement responsables ou coupables des émotions de leurs partenaires. Cela s'exprime par le fameux :

« Qu'est-ce que j'ai encore fait ? »

Voici trois stratégies que vous pouvez utiliser pour faciliter l'expression émotive des hommes :

1. Si vous voulez que votre partenaire reste en contact émotif avec vous et vous écoute de façon plus attentive et plus active, faites de courts messages, non des sermons. De plus, faites ces messages sur un seul sujet à la fois : n'exprimez qu'une seule émotion et non pas toutes les nuances émotives dont vous êtes capable. Vos messages auront ainsi plus d'impact et cela évitera à votre homme de devenir confus (black-out), ne sachant trop à quelle émotion réagir.

2. Rappelez-vous que les silences font aussi partie de la communication. Lorsque votre partenaire demeure silencieux, il ne vous ignore ni vous rejette. Au contraire. Son esprit est plutôt en train d'intégrer et de traiter l'information que vous venez de lui donner ; il cherche probablement à cerner les réactions émotives ou les pensées que cette information suscite chez lui. N'oubliez pas que l'homme pense en silence : il cherche la bonne réplique.

3. N'hésitez pas à remettre la conversation à plus tard pour lui permettre de mieux réfléchir. Il se sentira respecté dans sa façon de faire et pourra utiliser ce répit pour mieux comprendre ses réactions émotives et ainsi mieux choisir la façon de vous les exprimer.

---

1. Négatif, dans le sens désagréable et non péjoratif du terme.

# Règle no 4

## Cessez de l'interrompre

*«Offrez votre aide plutôt que vos conseils.»*
Luc de Vauvenargues

Lorsque les hommes observent un groupe de femmes parler entre elles, ils constatent que :

1. Elles parlent souvent plusieurs à la fois ;

2. Elles s'interrompent continuellement ;

3. Leurs propos semblent souvent décousus, en ce sens qu'elles vont passer d'un sujet à l'autre pour revenir sur le premier, continuer sur le troisième...

4. Leurs propos ne semblent pas avoir de direction.

Les homme peuvent difficilement comprendre que les femmes puissent prendre plaisir à discuter de cette façon et se surprennent qu'elles aient tout retenu de la conversation.

Les hommes ont besoin d'ordre pour fonctionner, y compris pour discuter. Le code Morin[1], écrit par un homme, est le plus bel exemple du besoin d'ordre et d'encadrement des hommes. Ce livre décrit toutes les règles qu'il faut suivre lors d'une assemblée délibérante pour prendre une décision. Vous serez surpris du nombre de règles et de procédures établies pour permettre à chacun(e) de parler à tour de rôle, sur un sujet bien précis et dans l'ordre.

On pourrait caricaturer cette différence de fonctionnement entre les hommes et les femmes en disant que les femmes parlent de façon spontanée et les hommes de façon ordonnée. Cette différence est évidemment une source de confrontation. Pourtant, d'après les observations de Déborah Tannen lors de réunions composées uniquement d'hommes ou de femmes, les deux méthodes sont toutes aussi efficaces.

Quel homme n'a pas déjà dit à sa femme :

« Cesse de m'interrompre quand je te parle. »

Une telle remarque constitue parfois une insulte pour la femme qui peut lui répliquer quelque chose comme :

« Tu voudrais que je reste là à t'écouter, sans rien dire ? »

L'homme réellement en contact avec ses émotions lui répondrait :

« C'est exactement ce que je veux que tu fasses : j'aimerais que tu m'écoutes jusqu'à la fin et quand j'aurai terminé ce que j'ai à te dire, tu pourras alors intervenir. »

La femme croit alors que son partenaire ne veut rien savoir d'elle :

« C'est toujours toi qui parles ! »

Elle pourrait aussi se refermer, se mettre à pleurer, se fâcher :

« Si tu m'aimais vraiment, tu serais intéressé à savoir ce que je ressens et ce que je pense. »

Il y a deux paradoxes dans cet exemple. Premièrement, les femmes reprochent principalement aux hommes de ne pas suffisamment communiquer avec elles et, quand ils essaient, elles leur reprochent de trop parler ou de vouloir avoir le dernier mot. Deuxièmement, si (pour utiliser le même argument de la femme de l'exemple) celle-ci aimait vraiment son mari, elle serait intéressée à savoir ce qu'il ressent et pense, tout en respectant sa manière de le faire.

Généralement, les discussions portant sur le processus même de la communication tournent au vinaigre : doit-on dans une conversation entre un homme et une femme parler de façon spontanée ou ordonnée ? Tout un dilemme.

En attendant, voyons pourquoi les hommes n'aiment pas être interrompus lorsqu'ils cherchent à s'exprimer :

1. A cause de la structure même de son cerveau, l'homme peut difficilement faire deux choses en même temps : se concentrer sur ses émotions ou ce qu'il a à dire et être, en même temps, à l'écoute de vos émotions ou de vos opinions. Le cerveau de l'homme fonctionne comme un télescope : il ne peut faire la mise au point que sur une seule chose à la fois et la mise au point peut parfois prendre de longues secondes.

2. Interrompre votre partenaire lui fait perdre sa concentration et l'irrite, surtout s'il exprimait une émotion qu'il avait difficilement cernée. Vous bloquez alors son processus de réflexion et il devra, après s'être débarrassé de sa colère,

reprendre sa concentration pour contacter de nouveau l'émotion ou l'opinion qu'il exprimait, ce qui pour lui n'est pas toujours facile.

3. L'homme doit mettre de l'ordre dans ses idées et émotions avant de les exprimer. Si vous rajoutez de nouveaux éléments dans la discussion, vous l'obligerez à refaire sa réflexion pour y remettre de l'ordre avant de reprendre la conversation. Tout cela peut vous sembler lourd, mais c'est comme ça. Et n'oubliez pas que pendant qu'il réfléchit, il ne parle habituellement pas. Si vous l'interrompez pour ajouter un élément, il a l'impression non seulement que vous ne l'écoutez pas vraiment ou que vous n'êtes pas intéressées par ses propos, mais que vous le faites exprès:

«On dirait que tu fais tout pour me faire choquer.» ou «Dis-le moi si ce n'est pas intéressant ce que je te dis.»

4. Comme les hommes sont orientés vers les solutions, ils aiment terminer ce qu'ils ont à dire. Les hommes détestent, au contraire des femmes, passer d'un sujet à l'autre. Ils préfèrent vider le sujet de la conversation actuelle avant de passer à un autre thème.

5. La pensée de l'homme est séquentielle. Le cerveau de la femme fonctionne comme un radar: elle peut avoir plusieurs sujets en tête au même moment, ou presque. La pensée de la femme peut donc facilement aller d'un sujet à l'autre, puis à un troisième avant de revenir sur le premier. (Elle magasine et aime aussi faire l'amour de cette façon). Mais cette façon de converser (ou magasiner ou faire l'amour) rend les hommes fous. L'homme a besoin d'une raison, de règles et d'un objectif pour parler, magasiner ou faire l'amour.

6. Quand vous interrompez un homme dans l'expression de ses idées et émotions, il croit, à tort peut-être mais il croit, que c'est une manière de leur dire qu'ils ont tort. N'oubliez pas que l'homme a réfléchi avant de s'exprimer. Donc, ce qu'il exprime est le résultat de sa réflexion et non pas le contenu de sa réflexion. De plus, ce qu'il a décidé d'exprimer, c'est la meilleure réponse ou solution qu'il ait pu trouver. Il cherche aussi à utiliser les meilleurs mots pour vous communiquer le résultat de sa réflexion.

Il interprète donc votre interruption comme une façon de lui dire qu'il a mal réfléchi ou que le résultat de sa réflexion est mauvais. Il a alors tendance à monter le ton pour affirmer qu'au contraire il a pris le temps d'y penser et que la réponse ou la solution qu'il a trouvée est vraiment la meilleure. La femme, à son tour, interprète la réaction de l'homme comme une tentative pour avoir raison alors qu'en fait il veut tout simplement aller jusqu'au bout de son expression.

Comme les femmes sont plus intéressées par le processus même de la communication, le sens précis des mots et l'utilité ou l'efficacité de la conversation les préoccupent beaucoup moins. Ce qui ne veut pas dire que le femmes ne peuvent, ou ne veulent, pas avoir des conversations utiles, efficaces et nuancées. Mais plutôt que les homme ont tendance, surtout s'il s'agit d'une mésentente, à prendre la conversation beaucoup plus au sérieux.

La règle consiste ici à laisser parler votre partenaire et même à vérifier s'il a tout dit avant de donner votre réplique :

« As-tu quelque chose d'autre à rajouter, mon chéri ? Non ? Eh ! bien, voilà ce que j'en pense… »

Vous pourriez même utiliser vos propres aptitudes à la communication pour aider et encourager votre partenaire à s'exprimer. N'oubliez pas non plus de le complimenter lorsque vous sentez qu'il fait de réels efforts pour s'exprimer comme vous le désirez.

« Si tu savais comme j'aime quand tu me parles comme ça. »

Les spécialistes savent qu'il est plus difficile d'écouter que de parler. Les gens, hommes et femmes, vont facilement parler lorsque le sujet les intéresse. Par contre, écouter demande plus d'attention et nécessite une attitude réceptive.

Nos recherches démontrent qu'une personne moyenne peut exprimer environ 125 mots en une minute. Par contre, notre cerveau peut enregistrer un minimum de 400 à 450 mots durant la même minute. Que faisons-nous pendant que nous écoutons notre interlocuteur? Sommes-nous déjà en train de préparer notre réponse? Réagissons-nous intérieurement à une partie seulement de ses propos? Contrôlons-nous l'émotion suscitée par son ton de voix ou un regard? Cherchons-nous à prendre la parole? Pensons-nous à ce que nous devrons faire demain?

C'est la raison pour laquelle, lors de discussions, nous devons faire un plus grand effort pour écouter et comprendre ce que l'autre nous dit, plutôt que de réagir immédiatement à un mot, une intonation ou un geste de notre interlocuteur. Et il est encore plus difficile d'écouter et de comprendre les propos de l'autre quand des émotions fortes sont impliquées; hommes comme femmes, nous avons alors tendance à nous défendre ou à convaincre l'autre du bien-fondé de notre point de vue. Ce qui est très humain.

---

Morin, Victor, *Le Code Morin, Procédure des assemblées délibérantes*, Éd. Beauchemin, Montréal, 1987, 158 p.

# Règle no 5

## Ne parlez pas pour lui

*« Dès que nous serons mariés,
je ferai ce que je veux avec lui. »
C'est à ce moment-là que maman
a ri et n'a pu s'arrêter...*
Dik Browne, Hagar l'Horrible

Rappelons-nous les millions d'années pendant lesquelles les hommes étaient à la chasse et les femmes entre elles à espérer leur retour et à s'occuper des enfants. Pendant tout ce temps, les femmes se sont familiarisées avec les émotions, alors que les hommes ont surtout développé leur agressivité.

C'est pourquoi les hommes vont souvent réagir par la colère ou la violence lors de situations frustrantes. C'est pour cette raison aussi que les petits garçons, les adolescents et les hommes préfèrent les jeux «virils» et les sports de contact. Cela explique le comportement guerrier de l'homme à travers l'histoire de l'humanité, l'objectif premier de toute cette agressivité étant d'accumuler suffisamment de richesse (nourriture) pour assurer sa propre survie et celle de son groupe ou de sa famille.

L'émotion première que l'on retrouve chez la femme est la tristesse ou le sentiment d'impuissance, ceci étant confirmé par la tendance beaucoup plus prononcée de la femme aux pleurs et à la dépression. Toutefois, au contraire des hommes, les femmes ont développé une plus grande labilité émotionnelle : elles peuvent plus facilement et rapidement aller d'une émotion à l'autre. Les hommes ont plutôt tendance au blocage émotif.

Quand l'homme éprouve un blocage ou «black-out» émotif, c'est qu'il est probablement aux prises avec l'une et/ou l'autre des catégories d'émotions suivantes :

1. La colère et ses composantes : le blâme, le ressentiment, l'irritation, la rage, la violence, la vengeance...

2. La déception et ses conséquences : la tristesse, la peine, l'ennui, le chagrin, la dépression, la mélancolie...

3. Toutes les formes de peurs : l'inquiétude, l'insécurité, la crainte, l'anxiété, la panique, l'angoisse, la terreur...

4. Tous les sentiments de responsabilité : la culpabilité, les remords, les regrets, l'auto-critique, la honte...

5. Les sentiments joyeux : l'amour, l'admiration, le plaisir, la tendresse, la passion...

Le problème avec les hommes, c'est qu'ils ont de la difficulté, tout d'abord, à faire la distinction entre toutes ces nuances émotionnelles et, par la suite, lorsqu'ils parviennent à identifier l'émotion présente, à la traduire en mots.

Évidemment, hommes comme femmes préféreraient n'éprouver que des sentiments joyeux : nous voudrions tous aimer, être aimer et pouvoir vivre en harmonie pour nous actualiser. C'est pour satisfaire ces besoins (et bien d'autres) que l'homme et la femme s'unissent.

Toutefois, dans la réalité, nos besoins d'amour sont souvent frustrés et nos réactions à cette frustration sont la colère, la tristesse, la peur ou la culpabilité. L'émotion dominante dépendra du type de personnalité et de l'éducation reçue quoique, comme dit précédemment, certaines émotions apparaissent prioritairement chez l'un et l'autre sexe.

Pour retrouver la joie et l'amour, il nous faut liquider l'émotion consécutive à la frustration. À cause de sa plus grande labilité émotionnelle, la femme peut, plus facilement que l'homme, procéder à cette liquidation. L'homme a plus tendance à « ravaler » ses émotions et à les enfouir, ce qui évidemment teintera ses relations.

Barbara DeAngelis utilise l'exemple d'un édifice à cinq étages dont les sentiments joyeux constituent le 5e étage et la colère le 1er étage et un ascenseur qui va du 1er au 5e. Pour elle, la femme qui veut communiquer désire monter le plus rapidement possible vers l'amour et, pour elle, l'amour se situe au plan émotif et spirituel ; elle entrevoit donc la conversation comme une preuve d'intérêt et d'amour.

L'homme veut, lui aussi, monter à l'étage de l'amour. Sauf que son ascenseur à lui est beaucoup plus lent que celui de sa partenaire et de plus, pour lui, l'amour est plus physique et intellectuel ; il envisage donc les contacts physiques (et sexuels) et les « joutes » d'arguments comme des signes d'amour, d'intérêt et de respect.

Quel homme n'a pas déjà dit à sa femme :

« Faisons l'amour et tout sera réglé ».

S'il ne le dit pas, vous pouvez quand même constaté qu'il agit selon ce principe. La femme ne comprend pas comment l'homme peut ainsi enfouir ses émotions et désirer faire l'amour. C'est pourquoi, elle lui répond généralement :

« Non, réglons le problème (ce qui veut dire, parlons-en) ; ensuite, peut-être, ferons-nous l'amour ».

C'est pour ces deux raisons - la lenteur de l'ascenseur de l'homme et la qualité différente de son amour - que les femmes deviennent impatientes quand les hommes cherchent à exprimer leurs émotions. Et elles deviennent encore plus exaspérées parce qu'ils n'expriment pas nécessairement les émotions qu'elles voudraient entendre. Elles ont alors tendance à interrompre le discours de l'homme et à parler à leur place. Et aussi parce qu'elles comprennent déjà les émotions que celui-ci cherche difficilement à identifier et à exprimer.

Lorsque les femmes les interrompent et parlent à leur place, les hommes ont l'impression que les femmes les prennent pour des petits garçons ou des hadicapés émotifs. Ils croient alors que leur femme joue à leur mère.

Voyez-vous, là encore, le paradoxe : en étant impatientes, en voulant aider leur partenaire à s'exprimer de façon émotive, les femmes bloquent les hommes dans leur apprentissage d'identification et d'expression de leurs émotions. Lorsque vous parlez à la place de votre partenaire, c'est comme si vous aidiez votre enfant à faire ses devoirs de mathématiques en lui donnant les réponses aux problèmes. Acceptez donc la gaucherie émotive de votre partenaire et encouragez-le, complimentez-le, questionnez-le comme vous le feriez si vous vouliez que ce soit votre enfant qui trouve lui-même la réponse à son problème de mathématiques.

Le langage des émotions est devenu naturel chez la femme ; pour l'homme, c'est un langage qu'il doit apprendre. Aidez-le en l'écoutant. Il apprendra ainsi à communiquer. Faites-lui ce que vous voulez qu'il vous fasse : écoutez-le.

# Règle no 6

## Pratiquez l'écoute active

*«Pour être heureux en mariage,*
*il ne suffit pas de marier*
*l'homme ou la femme que l'on aime,*
*mais d'aimer l'homme ou la femme*
*avec qui nous nous sommes mariés!»*
Vieil adage populaire

Toute communication implique trois éléments : l'émetteur, le message et le récepteur, lequel peut à son tour devenir émetteur. La communication implique donc un échange de messages entre un émetteur et un récepteur. Ce qui donne le tableau suivant :

Jeudi soir, 22h, Pierre et Sylvie sont au lit. Pierre désire faire l'amour avec Sylvie. Il encode son désir dans un message verbal et dit à sa femme :

«Si tu savais comme je t'aime, Sylvie»

croyant ainsi communiquer à Sylvie l'intensité de son désir
sexuel. Sylvie reçoit ce message et le décode comme une marque
d'affection. Elle répond à Pierre :

«Moi aussi, Pierre, je t'adore».

Pierre reçoit ce message comme un acquiescement à son désir
sexuel ; il s'approche donc d'elle et se met à l'embrasser et à lui
caresser les seins.

Aussitôt Sylvie se contracte et le repousse, disant :

«Tu ne penses rien qu'à ça ; on dirait que je ne suis qu'un objet
sexuel pour toi ; pourtant tu viens de me dire que tu m'aimes.
Est-ce moi que tu aimes ou est-ce seulement mon cul ?»

Pierre de répondre :

«Bien sûr que c'est toi que j'aime ; mais on dirait que tu ne veux
jamais faire l'amour. T'es frigide ou quoi ! »

Et c'est reparti. L'escalade risque de se terminer avec Pierre et
Sylvie se tournant le dos, tout leur corps tendu, tous deux cherchant
vainement à s'endormir ; Pierre, en colère, parce que son désir n'a
pas été reçu et compris ; Sylvie, déçue, parce qu'elle a l'impression que Pierre ne comprend rien.

Vous percevez facilement que la confrontation provient du fait que
le récepteur n'a pas décodé le message de la façon dont l'émetteur
l'avait encodé. La réaction de Sylvie aurait pu être tout autre si
Pierre avait dit :

« Si tu savais comme j'ai le goût de faire l'amour avec toi ».

La réponse de Sylvie aurait aussi pu être la même.

Sans sous-estimer le rôle de Pierre dans cette discussion, qu'aurait pu faire Sylvie pour éviter l'escalade et la confrontation ? Elle aurait pu tout simplement vérifier ce que Pierre voulait dire par son message au lieu de prendre pour acquis sa propre interprétation du message de Pierre.

« Que veut-tu dire, Pierre, quand tu dis que tu m'aimes ? »

Elle aurait alors probablement compris que Pierre la désirait physiquement et aurait pu alors répondre positivement ou négativement à son désir d'une façon à ne pas froisser Pierre.

« Moi aussi, j'ai le goût de toi » ou

« J'aimes sentir que tu me désires mais que dirais-tu de remettre ça à samedi matin alors que les enfants seront au camp. Nous aurons alors plus de temps pour nous deux. En attendant, on pourrait toujours se coller. »

Rien n'énerve plus les hommes (et les femmes) que d'être mal compris. Lorsqu'ils se sentent incompris, les hommes ont tendance à se mettre en colère ou à cesser de parler parce que, pour eux, cela devient inutile.

Il vous faut donc pratiquer ce que les psychologues appellent l'écoute active. C'est une méthode très simple, que les couples peuvent apprendre en quelques heures de pratique : il s'agit de répéter ce que l'autre vient de dire pour vérifier avec l'autre si vous avez bien compris ce qu'il vient de dire ou ce qu'il tentait de dire.

Imaginons que, devant le refus de Sylvie de faire l'amour ce jeudi soir, Pierre se choque et dise quelque chose comme :

«On le sait bien ! Tu ne veux jamais faire l'amour quand moi ça me tente. Tu remets toujours à plus tard. Tu as toujours un tas d'excuses : il est trop tard, tu es fatiguée, tu as mal à la tête, tu ne veux pas que les enfants nous entendent... Mais te rends-tu compte que l'on fait de moins en moins l'amour ? Et que ça m'éloigne de toi ? J'aime pas du tout la façon dont les choses se passent entre nous. J'ai besoin de faire l'amour régulièrement. Qu'est-ce qui se passe ?»

Si Sylvie se sent attaquée personnellement et réagit de façon émotive, elle pourrait répliquer, non sans raison :

«C'est de ta faute, aussi. C'est toi qui veux toujours faire l'amour à des heures impossibles. T'es pas là de la journée ; tu rentres tard ; tu sens l'alcool et la sueur. Si tu penses que ça me donne l'envie de faire l'amour avec toi, tu te trompes. Tu ne le sais pas, toi, ce que c'est que d'avoir à courir pour les enfants en plus de ma job à temps plein. Et monsieur voudrait que je sois disponible quand ça lui tente !»

Comment croyez-vous que Pierre va réagir ? Comment réagirait-il si Sylvie, utilisant la méthode de l'écoute active, avait plutôt dit :

«Tu as l'impression que je ne t'aime plus parce que nous faisons l'amour moins souvent ? Et ça t'inquiète ?»

Se sentant reçu et compris, Pierre pourrait poursuivre en disant :

«Oui, c'est vrai que cela m'inquiète. Depuis quelque temps, nous sommes tous deux débordés ; nous avons passé peu de temps ensemble. J'aurais besoin de me retrouver seul avec toi et faire toutes sortes de folies. Je t'aime vraiment, tu sais. »

Dans cette dernière réponse de Pierre, on voit que celui-ci n'a pas laissé la colère consécutive à sa frustration l'envahir car il a senti que Sylvie l'accueillait dans sa frustration et sa colère, ce qui lui a permis de lui exprimer davantage son véritable état d'âme.

Une autre façon d'encourager l'homme à s'aventurer dans ses émotions et lui montrer que vous le comprenez, c'est de lui indiquer visuellement (surtout si votre partenaire est un visuel) et verbalement que vous l'écoutez.

1. Regardez-le et hochez régulièrement la tête, en faisant un oui de la tête ; ne faites surtout pas un signe de tête signifiant non pendant qu'il parle ; et

2. Dites-lui quelque chose comme : « Ah ! Oui » ou « Hum, hum ».

Quand vous hochez la tête ou dites « Ah ! Oui », ca ne signifie pas que vous êtes d'accord avec ce qu'il est en train de dire ; ce n'est pas une approbation de ses propos. Vous lui signifiez tout simplement que vous entendez et enregistrez ce qu'il dit. Par contre, si vous faites non de la tête, il croira que vous n'êtes pas d'accord avec ce qu'il dit.

Les psychologues en pratique privée utilisent à fond les techniques de l'écoute active, soit :

1. la reformulation des propos ou intentions du client pour vérifier qu'ils ont compris exactement ce que ce dernier voulait dire ; et

2. l'utilisation du regard et de signes corporels pour signifier qu'ils sont tout ouïe aux propos de leurs clients.

Ce sont les psychologues qui utilisent le mieux ces techniques, ainsi que leurs connaissances du comportement humain, qui réussissent le mieux à aider leurs clients. Pourquoi ne pas utiliser ces techniques dans la communication conjugale ?

# Règle no 7

## Touchez-le

*«Saviez-vous que l'être le plus touché dans une maison,*
*c'est le chat ou le chien?»*

D'après Joe Tanenbaum, il existe quatre façons d'être au monde:

1. Le mode physique. Ce mode est celui de la réalité objective, l'univers des faits concrets que l'on peut appréhender par nos cinq sens, le monde sensible.

2. Le mode intellectuel. Ce mode est celui de la pensée et de ses différentes fonctions: l'imagination, la connaissance, les attitudes mentales, les croyances.

3. Le mode émotionnel. C'est évidemment le monde des émotions, des réactions émotives ressenties au contact des autres et de l'environnement.

4. Le mode spirituel. C'est le monde de l'expérience «directe». C'est la capacité de percevoir la réalité dans son ensemble. Le terme spirituel est ici pris dans le sens relationnel et non religieux du terme.

D'après Tanenbaum, l'homme parlerait d'abord et avant tout un langage physique et, s'il a eu la possibilité de s'instruire, il aurait développé un langage intellectuel. Par contre, il serait désavantagé au niveau du langage émotionnel et spirituel, contrairement à la femme qui, elle, privilégie ces deux modes d'existence car elle y accède beaucoup plus facilement. Par contre, elle se sentirait légèrement moins à l'aise sur les modes physique et intellectuel.

Dans les faits, la femme a l'impression que l'homme ne comprend pas ce qu'elle veut lui communiquer, qu'il n'est pas intéressé par leur monde intérieur, qu'il cherche continuellement à avoir le dernier mot et qu'il devient «physique» s'il ne l'obtient pas. De l'autre côté, l'homme a souvent l'impression que la femme est une «émotion à deux pattes» et qu'elle a de la difficulté à «contrôler» rationnellement ses émotions, alors qu'elle n'a que le goût de partager ses émotions (expériences) avec lui.

L'homme et la femme, est-il besoin de le répéter, vivent leurs émotions de manière tout à fait différente.

1. L'homme a des pensées tristes ou des pensées heureuses: mode intellectuel;

2 Il exprime ses sentiments avec son corps: mode physique;

3. La femme se «sent» triste ou heureuse, parfois sans raison: mode émotionnel;

4. Elle exprime verbalement ses expériences émotives: mode spirituel.

En fait, le mode spirituel complète le mode physique et le mode émotionnel complète le mode intellectuel. L'homme comprend l'univers émotionnel de façon intellectuelle, tout comme il saisit l'univers spirituel de façon physique. Pour l'aider à mieux communiquer ses expériences émotives, vous devez passer par le mode physique, d'où l'importance du toucher.

L'homme peut difficilement comprendre que la femme puisse vivre des émotions, des expériences qui ne soient ni physiques, ni intellectuelles. C'est la raison pour laquelle, lors d'une discussion, il cherche à la raisonner, c'est-à-dire à la ramener dans le monde physique et intellectuel (parce qu'il s'y sent beaucoup plus à l'aise).

Touchez-le, tenez lui la main, rapprochez-vous de lui, touchez son bras, prenez-le dans vos bras et vous créerez ainsi un sentiment d'intimité et un climat de confiance qui permettra à votre homme de passer de son mode de pensée purement logique, intellectuel et analytique à un mode de pensée plus sensible et vulnérable. Transformez l'affrontement intellectuel en échange amoureux en quelques secondes seulement en vous rapprochant physiquement de lui ; il s'ouvrira davantage sur le monde des émotions. Rappelez-vous le temps de vos fréquentations, alors que vous vous parliez intimement, les yeux dans les yeux, pendant des heures ; rappelez-vous, aussi, qu'alors vous le touchiez, et acceptiez d'être touchée, davantage.

Touchez-le particulièrement lorsque vous avez l'impression qu'il cherche à avoir raison ou qu'« il cherche la bagarre ». Comme dit précédemment, lorsque l'homme ne se sent pas compris, il sent la colère sourdre en lui et se met alors à émettre des signes qu'il va passer du mode de la compréhension intellectuelle (votre mode spirituel) au mode physique (votre mode émotif).

Ces signaux sont multiples : soupirs d'exaspération, voix plus forte, regard fixe, mâchoires serrées, poings fermés, doigt accusateur, respiration accélérée, coup de poing sur la table… L'erreur de l'homme est de croire que vous connaissez la signification de ces indices physiques. Si vous réagissez de façon émotive à ces signes physiques d'émotions, vous risquez d'enclencher une escalade qui peut se terminer par une incompréhension mutuelle, des pleurs et/ou de la violence physique ou verbale.

Évitez que la colère éclate et aidez-le à désamorcer l'explosion en vous montrant physiquement compréhensive et amoureuse. Par exemple, au volant de la voiture, vous sentez qu'il s'énerve contre la circulation; au lieu de lui exprimer votre inquiétude ou votre jugement sur sa façon de conduire, rapprochez-vous de lui, touchez son bras ou sa cuisse et déposez votre tête contre son épaule. Il se rappellera probablement le bon temps de vos fréquentations et son irritation fondra, car vous l'aurez remis en contact avec le senti-ment[1] d'amour qu'il éprouve pour vous. Il oubliera son énervement pour profiter de la dimension physique de la réalité actuelle.

---

1. Le sentiment constitue le côté intellectuel de l'émotion.

# Règle no 8

## Faites appel à ses compétences

*Mon conjoint me dit :*
*« Tu ne veux pas que je m'améliore,*
*Tu veux que je sois quelqu'un d'autre,*
*Celui que tu espères dans tes rêves. »*
Sylvie Painchaud, journaliste

Autant la femme a besoin de petites marques d'attention pour se sentir aimée, autant l'homme a besoin de sentir qu'on a confiance en lui pour se réaliser pleinement. Avoir confiance en quelqu'un, c'est croire qu'il utilise efficacement ses ressources et qu'il fait de son mieux. Quand un homme sent qu'on a confiance en lui et qu'on apprécie ses efforts (même si les résultats ne sont pas à la hauteur des espérances), celui-ci devient tout attentionné envers la personne qui se fie à lui. L'homme qui aime et qui se sent compétent est prêt à tout pour la ou les personnes qu'il aime. Tout homme est un héros ou un prince charmant en puissance, pas seulement un crapaud.

C'est pourquoi une femme ne devrait jamais dire à son partenaire :

« **Pourrais-tu** me rendre tel ou tel service (sortir les poubelles, construire un cabanon, s'occuper des enfants, réparer le toit…? »

C'est comme si, pour lui, vous mettiez en doute ses capacités à vous rendre le service demandé ou à faire la chose que vous lui demandez. Vous devez partir du principe que l'homme « peut » tout faire et toujours lui demander :

« Chéri, **voudrais-tu** me rendre un service ? »

Exprimé de cette façon, l'homme entend que vous faites appel à ses capacités et, s'il est disponible, se mettra à votre service. Il se peut parfois qu'il bougonne, surtout si vous faites appel à lui alors qu'il avait besoin de se retirer pour refaire ses énergies ; il se peut aussi qu'il vous dise « oui, oui » et qu'il ne s'éxécute pas immédiatement. Mais si vous ne réagissez pas de façon émotive et développez votre patience, vous pouvez être sûre et certaine qu'il fera tout pour vous plaire.

Évidemment, exprimé en termes de « Veux-tu ? » au lieu de « Peux-tu ? » vous devrez accepter la possibilité qu'il vous dise « Non ». Et ne pas prendre ce « non » comme un refus de vous, mais bien de votre demande. En demandant « Peux-tu ? » au lieu de « Veux-tu ? », vous ne courez pas le risque de vous sentir « rejetée ». Cela fait toute une différence, n'est-ce pas ? Toutes mes clientes et amies à qui j'ai suggéré cette petite modification dans leurs demandes m'ont dit avoir effectivement senti cette différence. Elles m'ont aussi confirmé l'efficacité de cette nouvelle façon de demander des choses à leur partenaire : ce dernier se montre beaucoup plus réceptif à leurs demandes.

Pour faire parler votre partenaire, vous devez faire appel à ses compétences. Ne dites donc pas :

« Pierre, j'ai besoin que tu m'aides » ou
« Je veux que tu m'aides. »

Il aura l'impression que vous lui remettez la responsabilité de trouver, seul, la solution à votre problème ou, pire, que vous lui donnez un ordre. Dites plutôt :

« Mon amour, j'ai un problème (avec ma mère, mon patron, les enfants, mon projet…) et j'aimerais ça savoir comment, toi, tu t'y prendrais pour le résoudre. »

Il vous demandera probablement de lui donner plus de détails sur le problème en question et vous pourrez alors entreprendre une discussion respectant ainsi son besoin d'avoir une raison pour parler et un objectif à la discussion, ce qui lui permet de se sentir vraiment utile (Règle # 1).

Afin de mieux comprendre le besoin qu'a votre partenaire de se sentir compétent et de savoir que vous avez confiance en lui, écoutons la belle allégorie utilisée par John Gray.[1]

« Imaginez un prince charmant galopant à travers la campagne. Soudain, il entend les appels d'une femme en détresse. En un instant, il s'allume. Au double galop, il vole vers le château où la belle est prisonnière du dragon. Le noble prince tire son épée et tue le monstre. Et, naturellement, la belle lui témoigne sa reconnaissance à profusion.

Il est ensuite accueilli et porté en triomphe par la famille de la princesse et toute la population. On le consacre héros, puis on l'invite à s'installer dans le village. Et, comme il se doit, la princesse et lui deviennent amoureux.

Un mois plus tard, le beau prince part en excursion. Sur le chemin du retour, il entend à nouveau sa princesse crier. Un autre dragon a attaqué le château. Précipitamment, il s'approche et tire son épée pour tuer ce deuxième monstre.

Cependant, avant qu'il ne frappe, sa belle lui crie du haut de la tour :

« Arrête ! N'utilise pas ton épée. Prends plutôt le noeud coulant, ça ira mieux ».

Elle lui lance un câble noué, criant ses directives pour qu'il l'utilise correctement. Il parvient à encercler le cou du dragon et à tirer très fort. La bête meurt et tout le monde se réjouit.

Au cours du banquet de célébration qu'on lui a organisé, le prince a l'impression qu'il n'a en réalité rien fait d'important. Parce qu'il s'est servi du noeud coulant fourni par sa belle et non de son épée à lui, il ne se sent pas tout à fait digne du témoignage de confiance et d'admiration sans borne que lui rend la population. Après la cérémonie, il se sent déprimé et il a envie de se cacher.

Quelque temps après, un autre voyage. Au moment où il ramasse son épée avant le départ, la princesse lui conseille la prudence et le prie de prendre aussi son noeud coulant. Encore une fois, au retour, il voit un dragon attaquant le château. Cette fois, il s'élance avec son épée à la main mais s'arrête, hésitant. Devrait-il plutôt utiliser le noeud coulant ? Pendant cet instant d'hésitation, le dragon crache le feu et lui brûle le bras droit. Confus, il entend la princesse lui crier du haut de la tour :

« Utilise le poison, le noeud ne marche pas ! »

Elle lui jette le poison, il le verse dans la gueule du dragon et le tue. Tout le monde se réjouit et célèbre son courage, mais le prince se sent faible et honteux.

À nouveau, le prince doit s'absenter et, au moment de partir avec son épée, la princesse lui rappelle qu'il doit être prévoyant et emporter aussi le noeud et le poison. Il est ennuyé par sa suggestion, mais il accepte quand même, «au cas où…»

Cette fois il entend l'appel d'une autre femme en détresse dans un autre village, et il accourt. Sa dépression ayant disparu, il est confiant et énergique. Mais, en tirant son arme pour tuer le dragon, il est à nouveau frappé d'hésitation. Doit-il utiliser son épée, le noeud ou le poison? Que dirait la princesse si elle était là?

Il reste un instant confus. Puis, il se rappelle comment il se sentait avant de connaître la princesse, lorsqu'il avait son épée comme seule arme et, dans un élan de confiance, il jette le noeud et le poison et charge le dragon avec son épée. Il tue le monstre et le village entier se réjouit une fois de plus.

Le prince charmant ne revint jamais vers sa princesse. Il demeura dans ce nouveau village où il vécut heureux. Il se maria éventuellement, après s'être assuré que sa nouvelle princesse ne connaissait rien des noeuds ou des poisons.

Le prince charmant qui se cache en tout homme est une image frappante qui peut aider à se rappeler les besoins primaires de l'homme et à comprendre que, bien qu'il apprécie parfois l'attention et les petits soins, une surdose de ces bonnes choses peut miner sa confiance et le mener au désintéressement.»

Afin que votre partenaire vous communique vraiment ce qu'il pense et ressent, vous devez donc lui faire confiance et croire ce qu'il vous dit et ressent. Ne lui dites pas quoi faire et ne lui donnez pas de conseils, à moins qu'il ne l'ait sollicité. Pour lui, lui dire quoi faire ou lui donner des conseils non-sollicités ne constituent pas des marques d'amour, comme cela est perçu dans le monde des femmes, mais plutôt un signe que vous doutez de ses compétences ou que vous n'avez pas confiance en lui. Et s'il sent que la personne qu'il aime n'a pas confiance en lui, il se mettra à douter de lui-même.

Faites lire l'allégorie du Prince Charmant à votre partenaire et demandez-lui ses réactions. Je suis sûr, à l'instar de tous les hommes à qui j'ai eu l'occasion de montrer ce texte, qu'il comprendra ce que John Gray a voulu décrire par «sentiment de compétence». Et s'il résiste à lire vos «histoires de femmes», dites-lui que c'est l'auteur qui vous demande de lui faire lire ce texte. Peut-être lira-t-il ce livre au complet.

---

1. Gray, John, *L'homme vient de Mars, la femme vient de Vénus*, Éd. Logiques, Montréal, 1994, pp 155-156. Reproduit avec la permission des Éditions Logiques.

# Règle no 9

## Soyez directe

*«C'est à l'extraordinaire qu'aspire ardemment la femme ;*
*c'est bien pour cette évasion hors du quotidien*
*qu'elle lutte dans ses rêves comme dans la réalité.»*
Franscesco Alberoni

Imaginez un couple en voiture ayant la conversation suivante. Sylvie demande à son mari, Pierre :

«Veux-tu t'arrêter pour boire ou manger quelque chose ?»

Pierre, qui n'a ni faim ni soif, répond en toute bonne foi «non» et, comme c'est lui qui conduit, poursuit sa route.

Je suis convaincu que vous savez pourquoi Sylvie était en colère envers son mari lorsqu'ils arrivèrent à la maison ? Mais savez-vous pourquoi Pierre ne comprit pas la colère de Sylvie ? Et pourquoi Pierre se mit en colère à son tour ?

En réalité, c'est Sylvie qui voulait s'arrêter pour boire et manger quelque chose. Toutefois, Sylvie n'était pas en colère parce qu'elle n'avait pas pu s'arrêter pour manger ; elle était en colère parce que Pierre ne lui avait pas demandé, à son tour, si elle voulait s'arrêter pour boire ou manger quelque chose. À son point de vue, elle avait eu des égards envers Pierre, égards que lui n'a pas eu à son endroit. Elle avait donc raison d'exprimer la colère consécutive à la frustration de son désir d'être considérée.

Ce à quoi Pierre répondit :

« Mais, pourquoi ne m'as-tu pas dit que c'est toi qui voulais t'arrêter pour manger quelque chose ? Pourquoi compliquer les choses inutilement ? Tu aurais pu aussi le dire que tu voulais t'arrêter même si j'avais dit que moi je n'avais pas faim. Je l'aurais fait pour toi. »

De son point de vue, il a lui aussi raison.

Cet exemple, rapporté par Deborah Tannen dans l'introduction de son livre[1], illustre bien l'une des différences de fonctionnement entre les hommes et les femmes et la tendance que, l'un et l'autre, nous avons de croire que l'autre fonctionne comme nous. Les points de vue de Pierre et Sylvie sont différents et même opposés, mais tous deux aussi valables.

Les femmes, entre elles, vont souvent utiliser des façons indirectes pour obtenir ce qu'elles veulent ou dire les choses de façon à ne pas blesser la susceptibilité de l'autre : elles font attention aux autres et ont des égards pour eux ; en retour, elles s'attendent, en toute légitimité, à ce que les autres fassent de même avec elles.

L'homme, quant à lui, ne prend habituellement pas de gants blancs pour dire ce qu'il a à dire et s'attend à ce que l'autre en fasse autant avec lui. Même entre amis de longue date, les hommes sont directs ; ce qui, parfois, donne à la femme témoin de leurs débats l'impression que les deux amis sont en train de se disputer alors qu'à leur point de vue ils se disent la vérité et estiment suffisamment l'autre pour savoir qu'il peut la recevoir. Ils font preuve de vigueur intellectuelle et adorent «argumenter».

Pour faire parler un homme et l'amener à discuter longuement avec vous, y compris de ses émotions, posez-lui donc des questions directes sur des sujets précis (Règle no 1). N'utilisez pas d'insinuations, de tactiques ou de sous-entendus.

«Pourquoi me parles-tu de Josée depuis une demi-heure?»

fait dire Pierre Légaré, humoriste québécois bien connu, à l'un de ses personnages.

«Bien, vois-tu, Josée a des problèmes de communication avec son mari. Quand elle essaie de lui en parler, ça n'a pas l'air de l'intéresser. Ça fait qu'elle utilise des moyens détournés pour ramener le sujet dans la conversation, mais lui ne se rend pas compte du tout de ce qu'elle essaie de faire.»

Que croyez-vous que Pierre Légaré, un homme, a fait répondre à son deuxième personnage, après un long silence?

«Est-ce que je peux faire quelque chose pour Josée?»

Ne faites pas ce genre de détours, sinon il aura l'impression que vous cherchez à le manipuler et se sentir manipulé est probablement l'une des choses que les hommes détestent le plus; ils s'imaginent que vous les prenez pour des imbéciles. N'essayez pas de le ménager, il aura l'impression que vous le sous-estimez ou que vous croyez qu'il est «incapable» d'accepter ce que vous avez à lui dire.

Alors, ne demandez jamais plus à un homme qui conduit une voiture :

« Veux-tu t'arrêter pour boire quelque chose ? »

S'il n'a pas soif, il continuera sa route et ne pensera même pas si vous, vous avez soif. (C'est évident qu'il devrait vous retourner la question.) Si vous voulez éviter ce genre de situation, et étanchez votre soif, dites plutôt :

« J'ai tellement soif, j'apprécierais beaucoup si tu voulais arrêter pour boire quelque chose. »

Et vous verrez votre Prince Charmant chercher et trouver le meilleur restaurant pour s'y arrêter, même si vous n'en demandez pas autant.

---

1. Tannen, Déborah *Décidément, tu ne me comprends pas, ou Comment surmonter les malentendus entre hommes et femmes,* Éd. Robert Laffont, Paris, 1993, 350 p.

# Règle no 10

## Prenez la responsabilités de «vos» émotions

*«La nature de l'émotion*
*est aussi fugitive qu'un arc-en-ciel de printemps.»*
Daniel Coleman, journaliste

Pierre appelle Sylvie pour lui dire qu'il sera en retard d'une dizaine de minutes. Les dix minutes passent et Pierre n'arrive pas; trente minutes et toujours pas de Pierre; finalement celui-ci arrive avec presque quarante-cinq minutes de retard. Comment, croyez-vous, que Sylvie va réagir:

«Tu m'avais dit que tu serais dix minutes en retard et ça fait presqu'une heure que je poireaute.»

«Excuses-moi, Sylvie, mais j'ai eu une urgence de dernière minute et si tu avais vu le trafic, c'était épouvantable.»

«C'est pas la première fois que tu me fais ce coup-là; t'es toujours en retard et tu ne respectes pas ta parole. T'aurais pu me rappeler pour me dire à quelle heure t'arriverais.»

«Je viens de te dire que j'ai eu une urgence; je ne pouvais pas te rappeler.»

« Comment veux-tu que je puisse avoir confiance en toi ? Tu me prends pour qui ? Pour une conne qui n'a rien d'autre à faire que de t'attendre. »

« Bon, c'est reparti. »

« C'est de ta faute, aussi. Et n'essaie pas de te dérober. Quand vas-tu enfin tenir compte de moi ? »

Ce discours vous est familier ? Essayons de voir comment Sylvie aurait pu agir pour éviter l'escalade. Il n'est évidemment pas question ici d'excuser Pierre pour son retard ou d'ignorer la frustration et la colère de Sylvie. Mais plutôt de voir comment ce genre de situation, inévitable dans la vie d'un couple, ne devienne pas la goutte d'eau qui fait déborder le vase et qui mine la communication à l'intérieur d'un couple. Il s'agit ici de voir comment développer une stratégie sans perdant ni coupable.

Si les femmes reprochent aux hommes de ne pas communiquer, les hommes, quant à eux, reprochent aux femmes de toujours critiquer, de ne jamais être satisfaites, de toujours se plaindre à propos de tout et de rien. Quel homme n'a pas déjà entendu :

« Tu ne finis jamais ce que tu commences ! »

« Toi et ton maudit ordinateur (base-ball, journal ou quoi que ce soit d'autre) ! »

« Tu ne m'écoutes pas quand je te parle ! »

« Tu veux toujours avoir raison ! »

« Tu penses rien qu'à ça (faire l'amour, travailler, jouer…) ! »

« Tu veux toujours avoir le dernier mot ! »

« Tu te laisses traîner ! »

« T'es toujours parti ! »

« T'es toujours en retard ! »

« Tu… tu… tu… »

Face à ce genre d'accusations, l'homme réagit de deux façons :

1. Il tente de se justifier en utilisant toutes sortes d'excuses, excuses souvent réelles. Dans l'exemple ci-dessus, Pierre justifie son retard en utilisant l'urgence de dernière minute et la densité de la circulation..

2. Il achète la paix en se taisant et se fermant à la critique, ce qui à l'heur de déplaire à sa partenaire et d'accentuer l'escalade : « Bon, c'est reparti ! »

Comment communiquer sans accuser et provoquer la contre-attaque ou la fuite de l'interlocuteur ? Tout d'abord, en changeant tous les messages « Tu » en message « Je ».

Les difficultés de communication entre les hommes et les femmes sont certes dues au fait que l'homme et la femme constituent deux mondes très différents. Mais ils sont aussi la conséquence d'une mauvaise manière de communiquer. Les messages « Tu » sont une mauvaise formulation car tout message « Tu » implique l'autre, le rend responsable (coupable) de la situation et demande à l'autre de changer : ce n'est pas correct d'être en retard, c'est de ta faute et tu devrais cesser d'être en retard. De plus, un message « Tu » déresponsabilise la personne qui parle :

«Ce n'est pas ma responsabilité si je suis frustrée et en colère ; c'est de ta faute.»

Les messages «Tu» tuent la communication.

Avez-vous déjà remarqué comment la majorité des gens utilise le pronom impersonnel «On», ou le «Tu», le «Nous», le «Il» ou autre formule en lieu et place du «Je»?

«Les gens sont gênés de parler de sexualité.»
«Tout le monde aime recevoir des compliments.»
«Nous (en parlant des couples) nous perdons de vue au fur et à mesure que la routine prend le dessus.»
«On n'est pas fait pour vivre seul(e).»
«On a tous vécu des traumatismes lors de notre enfance.»

Pour rendre la communication efficace, vous devez prendre la responsabilité de vos propos en changeant vos messages «Tu» en message «Je».

L'utilisation du «Je» dans la conversation est certes plus impliquante, mais elle facilite le rapprochement et l'intimité entre deux personnes. Le «On» et le «Nous» sont utilisés pour cacher nos propres émotions et le «Tu» accusateur érige un mur d'incompréhension entre les personnes.

Dire «Je» signifie :

«Je» suis «moi» ;
«Je» suis différent de toi et des autres ;
«Je» suis responsable de ce que je dis ;
«Je» assume mes pensées et mes émotions ;
«Je» accepte que tu puisses ne pas être d'accord avec moi ;

«Je» n'est pas synonyme de «nous»;
«Je» est ma conscience.

Apprendre à dire «Je» n'est pas facile dans un système éducatif où nous associons le «Je» à une attitude égoïste. Pourtant, je ne peux parler qu'en mon nom personnel.

Nous pouvons aussi améliorer considérablement la communication en essayant de voir quel besoin ou quelle croyance est à l'origine de l'émotion. Ici, l'émotion est la colère (fort compréhensible) de Sylvie, colère qui s'est traduite en accusations à l'endroit de Pierre. La colère est l'une des réactions possibles à la frustration. La question est de savoir quel besoin de Sylvie est frustré par le retard de Pierre.

Dans l'exemple ci-dessus, Sylvie aurait pu prendre conscience que c'est son besoin d'être appréciée par Pierre qui était frustré et, que devant cette frustration, elle réagissait par de la colère. Cette frustration aurait aussi pu engendrer d'autres émotions. Par exemple, Sylvie aurait pu ressentir de:

1. la tristesse: «J'ai de la peine quand Pierre n'est pas là car je me sens seule»; ou

2. la peur: «Peut-être est-il avec une autre femme?» ou «Peut-être a-t-il eu un accident?» ou

3. un sentiment de culpabilité: «On dirait que Pierre fait tout pour éviter d'être avec moi; qu'est-ce que j'ai fait?»

Aussi paradoxal que cela puisse paraître, Sylvie aurait pu même être très contente du retard de Pierre:

4. «Je vais pouvoir terminer ce que je suis en train de faire.»

Peu importe l'émotion en cause, celle-ci est développée par Sylvie elle-même devant la situation : le retard de Pierre. Et l'émotion ressentie par Sylvie dépend de l'interprétation qu'elle fait du retard de Pierre. Pierre n'est donc pas responsable de l'émotion de Sylvie, quoiqu'il soit évidemment le responsable de la situation de retard.

Si Sylvie avait pris la responsabilité de « sa » colère, elle aurait pu l'exprimer ainsi :

« Pierre, je me sens en colère quand tu ne respectes pas ta parole ; j'ai alors l'impression que je ne vaux pas grand chose à tes yeux et cela me met en maudit. »

Pierre, ne réagissant pas par la défensive, aurait alors pris conscience de l'effet de son retard sur Sylvie et n'aurait probablement pas essayé de se justifier. Il aurait pu répondre :

« Ben, voyons, ma chérie, tu le sais bien que je t'aime. »

« Si tu savais comme je me suis inquiétée parce que tu n'arrivais pas. Je me suis imaginé toutes sortes de choses. » aurait pu dire Sylvie à la réponse de Pierre.

Si Sylvie avait perçu le véritable besoin à la base de sa frustration et de sa colère, elle aurait aussi pu mettre sa colère de côté, s'approcher de Pierre, le prendre dans ses bras et lui exprimer son vrai besoin :

« Si tu savais comme j'avais hâte que tu arrives. »

Aucun homme ne peut résister à un tel accueil et, s'il sait qu'il sera bien reçu, il fera tout en son possible pour revenir prestement à la maison la prochaine fois. Si, par contre, chaque retard provoque une dispute, il aura possiblement la réaction suivante : «De toute façon, je vais me faire disputer; alors me faire disputer pour dix minutes ou une heure...»

Remarquez que Pierre, au lieu de tenter de se disculper aurait pu, de son côté, comprendre le besoin frustré et la colère justifiée de Sylvie et lui dire sensiblement la même chose :

«Je me rends compte que mon retard te met en colère et que tu avais vraiment hâte que j'arrive, mon amour.»

Il aurait ainsi désamorcé l'escalade; Sylvie, se sentant comprise et reçue dans sa réaction émotive, aurait repris l'ascenceur pour le 5<sup>e</sup> étage (Règle no 5).

Le dialogue reste ainsi ouvert parce que l'un et l'autre assument la responsabilité soit de l'émotion, soit de la situation, sans accusation ni auto-accusation. Si non, les frustrations s'accumulent, la rancune aussi, et la communication devient de plus en plus difficile parce que chargée d'émotions non comprises, non exprimées ou non reçues.

Il existe des ateliers de communication efficace à l'intérieur desquels vous apprendrez à dire «Je» et à reconnaître les véritables besoins ou croyances à la base de vos interprétations, sources de vos émotions. Vous pourrez aussi y apprendre à faire la différence entre l'émotion que vous ressentez, la situation à l'origine de l'émotion et la raison ou la croyance pour laquelle vous avez associé cette émotion à cette situation. Consultez votre CLSC ou la clinique de psychologie la plus près de chez vous pour vous inscrire à un cours de communication efficace. Et, de préférence, allez-y en couple.

Il existe beaucoup d'autres outils de communication efficace, comme celui de choisir un sujet sur lequel les deux partenaires peuvent échanger leurs opinions, sans risque de confrontation. Par ailleurs, il vaut mieux éviter les discussions sur l'avortement si l'un est pro-vie et l'autre pro-choix. Ou encore si la discussion au sujet d'un beau-parent est toujours source de conflits.

Sans jouer à l'autruche, il ne sert à rien de discuter de sujets où les positions de l'un et/ou de l'autre sont sclérosées. Contrairement à la croyance populaire, je ne crois pas qu'il faille tout se dire ou discuter de tout à l'intérieur d'un couple. Chacun(e) a droit à son jardin secret.

# Conclusion

## Savoir quand
## il n'y a plus rien à faire

*«Lorsqu'on lui demandait pourquoi*
*tous ses mariages avaient échoués,*
*Margaret Mead répondait :*
*« Je me suis mariée trois fois,*
*et pas un seul de ces mariages ne fut un échec.»*
*Pour elle, le mariage pour la vie n'était pas un idéal,*
*et elle ne considérait pas le divorce comme un échec.»*
Hélène Fisher

Vous ne pouvez pas forcer un homme à parler, encore moins à parler de ses émotions… tant et aussi longtemps que lui-même ne l'a pas décidé. Vous ne pouvez pas le forcer à parler, mais vous pouvez l'aider, s'il accepte. Vous pouvez l'aider en utilisant les dix règles précédemment décrites et en encourageant ses efforts.

Mais vous devez éviter d'en faire trop. Trop aimer l'autre ou trop en faire pour l'autre, même avec un amour intense, ne transformera pas votre crapaud en prince charmant, encore moins votre prince en roi. C'est une illusion.

Les femmes (cela semble faire partie de leur nature) ont tendance à se préoccuper des autres et, parfois, à se dépenser pour les autres plus que pour elles-mêmes. Ce qui, pour elles, constitue des preuves d'amour mais les amène souvent à sentir qu'elles sont les seules à investir dans le couple. Robin Norwood[1] a très bien exploré et analysé cette tendance féminine.

Les femmes croient que les hommes devraient communiquer davantage et devraient exprimer leurs émotions. Peut-être que votre désir de faire parler les hommes n'est que la projection de votre propre désir de parler et d'exprimer vos émotions, parce que cela vous fait du bien, à vous. La majorité des femmes se sent énergisée par les échanges verbaux. L'homme n'éprouve pas nécessairement le même besoin de parler que vous et préfère plutôt se retirer en lui-même (dans sa caverne) pour refaire son plein d'énergie.

Votre désir est toutefois très compréhensible. Mais tous vos efforts pour développer une meilleure communication avec votre partenaire seront vains si ce dernier ne veut pas collaborer. Vous ne pouvez forcer votre mari à vous aimer. Vous ne pouvez le forcer à changer ; au contraire, plus vous essaierez, plus vous provoquerez de résistance de sa part. Vous ne pouvez que vous changer vous-même, car il n'y a que sur vous-même que vous ayez un pouvoir réel.

Il se peut que, malgré toute votre bonne volonté et votre amour, vous ne puissiez améliorer la communication avec votre homme. Voici quelques indices démontrant que votre partenaire ne changera jamais et qu'il ne vous parlera pas plus qu'il ne le fait actuellement.

1. Vous avez réellement l'impression que vous êtes la seule à vous impliquer dans le couple ou dans la famille. Vous vous sentez plus sa mère que sa femme. Vous en faites plus pour l'aider que lui-même en fait pour lui-même.

2. Rien de ce qu'il entreprend ne fonctionne parce qu'il a développé une attitude négative devant la vie. Il démissionne avant même d'avoir essayé car, dit-il, ça n'en vaut pas la peine et que, de toutes façons, rien ne marche jamais pour lui.

3. Les coupables, ce sont les autres : le gouvernement, le système, les boss, la situation économique, ses parents, vous... Tous sont responsables de sa condition, jamais lui. Il n'accepte pas la responsabilité de sa situation.

4. L'alcool, les paris, la drogue, le sport. le travail... sont ses moyens pour fuir ses responsabilités. Il est incapable d'admettre que l'une ou l'autre de ces habitudes est devenue une dépendance. Il ne se rend pas compte de leurs effets destructeurs sur votre relation et sur sa vie, malgré toutes les fois où vous avez essayé de lui en parler. Vous vous êtes souvent disputés à cause de ces « vices ».

5. Il a développé un caractère autoritaire et n'accepte aucune contestation de votre part, de ses enfants ou de qui que ce soit. Partout où il passe, il crée des confrontations avec son entourage.

6. Sa vie est parsemée d'échecs à tous points de vue : professionnel (il n'a jamais su garder un emploi plus de deux ans), familial (il n'a pas de liens avec sa propre famille depuis dix ans ou plus), social (il n'a aucun ami intime avec qui partager des loisirs), intime (il est en guerre avec son ex-femme et ses enfants dont il ne s'occupe plus). Il accuse les autres d'en être responsable ou, au contraire, prend toute la culpabilité sur ses épaules.

7. Il vous dit qu'il a essayé de changer mais qu'il n'y peut rien : « Je suis comme ça ». Il utilise même les données de la

psychologie moderne pour justifier ses comportements : « Regarde, il est dit dans ce livre qu'un homme, ça fonctionne comme ça. Tu me prends comme je suis, un point c'est tout ».

8. Il essaie de gagner du temps et vous dit qu'il est capable de régler ses problèmes tout seul, qu'il n'a besoin ni de thérapie, ni de lecture, ni de personne. Il vous a promis à plusieurs reprises de changer, mais ses changements ne durent que le temps de ses promesses, que le temps de vous amadouer.

9. Il vous avoue qu'il est très bien comme il est et qu'il ne veut absolument pas changer son style de vie. Il vous renvoie plutôt la balle en vous disant que c'est vous qui devez changer, qui devez vous adapter.

10. Vous avez de plus en plus l'impression que « Ça ne peut pas être pire ailleurs ! » et vous vous surprenez de plus en plus souvent à penser à la séparation, à un ancien amoureux du temps de votre adolescence, à prendre un amant pour aller vérifier « comment c'est ailleurs ». Vous êtes de plus en plus sensible aux marques d'attention des hommes qui gravitent dans votre entourage.

Que vous vous reconnaissiez ou reconnaissiez certains des comportements de votre partenaire dans cette liste est tout à fait normal. Tout est une question de mesure. Si, par contre, votre partenaire correspond en tous points au tableau ci-dessus, faites-lui lire au moins ce chapitre et exprimez-lui, de façon non accusatrice, votre insatisfaction relationnelle.

S'il persiste dans ses attitudes, s'il refuse toute discussion et toute aide extérieure, vous aurez alors une décision à prendre. Vous pouvez toujours consulter pour vous même, sans lui ; vous pourrez ainsi vous convaincre que vous avez vraiment tout essayé avant de prendre votre décision finale.

Mais, avant de prendre cette décision finale, vous pouvez agir comme si vous l'aviez déjà prise et utilisez d'autres stratégies pour arriver à votre objectif, à savoir sentir votre partenaire plus près de vous. Si la mise en pratique des dix règles de « *Chéri, Parle-Moi...* » n'ont pas donné les résultats désirés, cessez alors de vouloir améliorer la communication en changeant votre partenaire et expérimentez les comportements suivants :

1. Ravivez votre cercle d'ami(e)s et trouvez-vous des activités sociales, culturelles ou sportives à faire avec eux, sans nécessairement inviter votre partenaire ;

2. Satisfaisez votre besoin de parler et d'être écoutée auprès de ces ami(e)s ou auprès de vos parents ;

3. Trouvez-vous un hobby qui vous passionne et qui vous permettrait de combler vos moments de solitude ;

4. Convainquez-vous qu'il existe ailleurs d'autres hommes avec qui il pourrait être plus facile de communiquer ;

5. Cessez de voir le divorce comme un échec ;

6. Établissez ce que Delis et Phillips appellent la «juste distance» qui vous permettra de redevenir autonome et spontanée et qui pourrait susciter chez votre partenaire la peur de vous perdre et le désir de vous reconquérir.

S'il ne réagit pas devant tous «vos» changements en tentant de se rapprocher de vous à vos conditions, vous aurez alors raison de prendre cette décision finale. Vous n'avez plus rien à faire là, à moins de vouloir être malheureuse et chialeuse.

---

Norwood, Robin, *Ces femmes qui aiment trop*, Éd. Stanké, Montréal, 1986, 376 p.

# Annexe I

## Saviez-vous que...

**À propos de la communication**

• De toute façon, la communication est impossible, du moins dans le sens où la population l'entend généralement, i.e. dans le sens d'une communion ou d'une compréhension parfaite de ce que l'autre dit, vit ou pense. Ce type de communication est illusoire. Personne ne peut réellement penser, ressentir ou agir en «commun» parce que chaque personne est unique et possède une expérience unique.

• La communication n'est possible que dans le sens de dire, informer, échanger, partager, annoncer, être en relation avec quelqu'un et espérer que l'autre puisse écouter et saisir le plus exactement possible ce que je suis en train de communiquer.

• D'après le Petit Robert, communiquer vient du mot commerce et non de communion ou de compréhension.

• Il existe deux façons de communiquer : verbal et non-verbal. D'après les psychologues, la dimension non-verbale ou corporelle (gestes, positions du corps, expressions du visages, regards...) constituent 55 % de toute la communication humaine. Il reste donc 45 % pour la dimension verbale. Mais celle-ci comporte aussi deux niveaux : le ton avec lequel les mots sont prononcés (il existe mille façons de dire : je t'aime), lequel constitue 38 %, et la signification des mots (qu'est-ce que je dis quand je dis: je t'aime), 7 %. Il serait peut-être préférable, lors de votre prochaine conversation, de regarder davantage votre interlocuteur et de prêter l'oreille à ses intonations plutôt qu'à ce qu'il dit.

• Il est impossible de réellement communiquer, i.e. mettre en commun, faire sentir ou faire comprendre à l'autre exactement ce que je sens ou ce que je crois parce que les deux personnes, de même sexe ou de sexe opposé, ont un vécu et un senti différents. Tentez l'expérience de demander la définition de certains mots à plusieurs personnes et vous comprendrez l'une des difficultés de communication. Même les mots peuvent avoir une définition différente ou, pire, une charge émotive différente.

• La bouche est la partie du corps la plus occupée, et la plus expressive. Le masséter constitue, toute proportion gardée, le muscle le plus fort du corps humain. Les lèvres de la femme sont généralement plus grandes que celles de l'homme.


## À propos du cerveau

• Le cerveau masculin semble plus latéralisé et mieux structuré que le cerveau féminin. D'autre part, les échanges entre les deux hémisphères semblent s'effectuer plus facilement chez les femmes que chez les hommes. En fait, le cerveau féminin fonctionne de façon globale, et le cerveau masculin de façon plus spécialisée.

• Le centre de la parole dans le cerveau féminin est beaucoup plus développé que dans le cerveau masculin.

• Le cerveau gauche parle, le cerveau droit communique.

• La structure même du cerveau mâle démontre que les hommes sont doublement « handicapés » sur le plan de leur vie émotive. Premièrement, leurs émotions sont beaucoup moins complexes et nuancées. On ne peut demander à un homme de ressentir les différents états émotifs des femmes et surtout de les comprendre et d'être à l'aise dans les subtilités des relations émotives humaines. En ce sens, on décrit souvent l'homme comme d'un gros ours.

Deuxièmement, en raison de la difficulté de communication qui existe entre les deux hémisphères du cerveau, l'accès verbal de l'homme à sa vie émotive est plus restreint. Pour lui, le langage est un outil subordonné à l'action plutôt qu'à la communication. Lors de confrontations émotives à l'intérieur du couple, la réaction de l'homme est presque toujours la même : il se renfrogne et n'est plus accessible au discours de sa femme. Il ressent comme un «black-out» émotif, ne sait plus quoi penser ou dire. A l'inverse, les femmes ont beaucoup plus de facilité à communiquer : elles perçoivent plus facilement leurs sentiments, mêmes ceux de leurs partenaires, et trouvent aussi facilement les mots pour les exprimer. Elles sont aussi plus sensibles au contexte de la communication et plus intéressées aux gens.

## À propos des maladies

• Ce sont les hommes qui vivent la majorité des attaques cardiaques et des infarctus.

• Au moins deux personnes sur trois qui font des dépressions sont des femmes.

• De dix à vingt fois plus de femmes que d'hommes souffrent d'anorexie mentale : (7% des danseuses de ballet classique sont des anorexiques).

• Ce sont généralement des femmes qui souffrent de phobies et uniquement au cours de leurs années fertiles. L'influence plus grande de la testostérone après la ménopause semble être le facteur déterminant dans la disparition des phobies.

• L'hystérie, «névrose caractérisée par un type particulier de personnalité marquée par le théâtralisme, la dépendance et la manipulation de l'entourage»*, est une maladie mentale presqu'uniquement féminine. Par contre, ce sont surtout les hommes qui souffrent de schizophrénie, «une psychose délirante chronique caractérisée par une discordance de la pensée, de la vie émotionnelle et du rapport au monde extérieur».

• Les psychopathes et pervers sexuels sont principalement des hommes. La psychopathie est «un trouble de la personnalité se manifestant essentiellement par des comportements antisociaux sans culpabilité apparente».

• L'épilepsie est un trouble neurologique qui atteint plus souvent les hommes que les femmes.

• L'irritabilité et l'instabilité d'humeur est beaucoup plus forte chez les femmes que chez les hommes, et pas seulement durant la période pré-menstruelle.

• La violence extrême est presqu'uniquement le fait des hommes. Nous n'avons pas d'exemple de tueurs en série qui soient des femmes.

• L'autisme, «repli pathologique sur soi accompagné de la perte du contact avec le monde extérieur», atteint quatre garçons pour une fille.

• Cinq garçons, pour une fille, souffrent d'hyperactivité.

• Le bégaiement est un trouble du langage qui atteint cinq fois plus d'hommes que de femmes.

• L'aphasie, perte de la parole ou de la compréhension du langage à la suite d'une lésion du cortex cérébral, atteint cinq hommes pour une femme.

• La dyslexie, difficulté d'apprentissage plus ou moins importante de la lecture, affecte six garçons pour une fille.

• Les femmes sont plus souvent atteintes de sclérose en plaque et de polyarthrite rhumatoïde.

• Dix femmes pour un homme souffrent de lupus érythémateux aigu.

• Plus de femmes que d'hommes sont atteintes de paralysie bulbaire asthénique.

• Soixante-dix pour-cent (70 %) des nouveaux-nés manifestant des défauts congénitaux (morts-nés, aveugles ou sourds de naissance, pseudo-hermaphrodisme…) sont des hommes.

• La migraine se retrouve deux fois plus souvent chez les femmes.

• Les maladies du système immunitaire se retrouvent plus souvent chez les hommes.

• Le syndrome de Kallmann, une maladie héréditaire, n'atteint que les hommes. Ce syndrome se manifeste par l'absence du sens de l'odorat et la stérilité.

• Les hommes manifestent une plus grande vulnérabilité au stress.

• La leucémie aiguë myélogène atteint principalement les hommes de 20-30 ans et les hommes de 70 ans et plus.

• De 120 à 140 foetus mâles sont conçus pour 100 foetus femelles. Les avortements spontanés sont supérieurs dans le cas des foetus mâles, foetus considérés comme des corps étrangers par le corps de la mère. Plus de 106 mâles viennent au monde pour 100 femmes. Comme la mortalité infantile mâle est supérieure et l'espérance de vie inférieure, la population mondiale est composée de plus de femmes (50.2 %) que d'hommes.

# À propos de certains comportements

• On relève des différences dans la manière dont les renseignements sont classés et les problèmes résolus. Les hommes sont plus respectueux des règles et semblent être moins sensibles aux variables des situations ; ils sont plus résolus, moins éparpillés et plus persévérants. Les femmes, par contraste, sont très sensibles au contexte. Elles sont moins bornées par les exigences d'une tâche particulière. Elles excellent à rassembler des informations périphériques et traitent cette information plus rapidement.

• Dix fois plus d'hommes que de femmes ont des troubles du langage : bégaiement, dyslexie, perte du langage suite à un accident cérébral, etc. Les femmes possèdent donc une meilleure capacité verbale.

• George Murdoch rapporte, dans son *Etnographic Atlas*, que sur 201 sociétés étudiées, la cuisine est une activité strictement féminine dans 158 d'entre elles, et exclusivement masculine dans seulement 5 d'entre elles. La chasse est une activité exclusivement masculine dans 166 sociétés sur 169 et ce n'est jamais une activité exclusivement féminine.

• À trois ans, les petites filles possèdent un vocabulaire plus étendue et une meilleure diction que les garçons du même âge.

• Selon le chercheur et professeur David H. Skuse, les filles auraient hérité d'un gène de la sociabilité.

• Lorsqu'ils lisent, les hommes n'utilisent qu'une toute petite partie de leur hémisphère gauche située dans l'aire de Broca. Lorsqu'elles lisent, les femmes emploient une partie de leurs deux hémisphères.

---

* Toutes les définitions entre « » viennent du Petit Larousse de 1997.

# Annexe II

## Le test des trois passoires

Voici un texte philosophique démontrant que Socrate avait, 2000 ans avant notre ère, bien compris la nature du fonctionnement du cerveau de l'homme et avait même élevé cette nature au niveau de la vertu.

Socrate avait, dans la Grèce antique, une haute réputation de sagesse. Quelqu'un vint un jour trouver le grand philosophe et lui dit :

« Sais-tu ce que je viens d'apprendre sur ton ami ? »

« Un instant! répondit Socrate. Avant que tu ne me racontes tout cela, j'aimerais te faire passer un test très rapide. Ce que tu as à me dire, l'as-tu fait passer par les trois passoires ? »

« Les trois passoires ? »

« Mais oui! reprit Socrate. Avant de raconter toutes sortes de choses sur les autres, il est bon de prendre le temps de filtrer ce que l'on aimerait dire. C'est ce que j'appelle le test des trois passoires. »

« La première passoire est celle de la vérité. As-tu vérifié si ce que tu veux me raconter est VRAI ? »

«Non, pas vraiment. Je n'ai pas vu la chose moi-même, je l'ai seulement entendu dire...»

«Très bien! Tu ne sais donc pas si c'est la vérité. Voyons maintenant. Essayons de filtrer autrement, en utilisant une deuxième passoire, celle de la bonté. Ce que tu veux m'apprendre sur mon ami, est-ce quelque chose de BIEN?»

«Ah non! Au contraire! J'ai entendu dire que ton ami avait très mal agi.»

«Donc, continua Socrate, tu veux me raconter de mauvaises choses sur lui et tu n'es même pas sûr si elles sont vraies. Ce n'est pas très prometteur! Mais tu peux encore passer le test, car il reste une passoire, celle de l'utilité. Est-ce UTILE que tu m'apprennes ce que mon ami aurait fait?»

«Utile? Non, pas réellement, je ne crois pas que ce soit utile...»

«Alors, de conclure Socrate, si ce que tu as à me raconter n'est ni VRAI, ni BIEN, ni UTILE, pourquoi vouloir me le dire? Je n'en veux rien savoir et, de ton côté, tu ferais mieux d'oublier tout cela!»

Et Socrate repartit dans ses réflexions philosophiques.

Et vous, qu'en pensez-vous?

---

N.D.A. L'auteur du Test des trois passoires nous est malheureusement inconnu.

# Bibliographie

Bach, G. R. et P. Wyden, *Ennemis intimes*, Éd. Le Jour, Montréal, 1984, 337 p.

Barber, Lyne, *Pour femmes seulement, Comment améliorer vos relations intimes,* 6ᵉ éd. Québécor, Montréal, 1989, 166 p.

Barranger, Jack, *Savoir quand quitter...*, Éd. Le Jour / Actualisation, Montréal, 1990, 178 p.

Bateson, Gregory, *La nature et la pensée,* Éd. Le Seuil, Paris, 1984, 242 p.

Bourguignon, Stéphane, *Le principe du geyser*, Éd. Québec / Amérique, 1996, 208 p.

Brien, Michèle, *Parlez pour qu'on vous écoute*, Éd Le Jour, Montréal, 1988, 176 p.

Buscaglia, Léo, *S'aimer ou le défi des relations humaines*, Éd. Le Jour, Montréal, 1985, 173 p.

Carter, J. et J. Sokol, *Ces hommes qui ont peur d'aimer,* Coll. Bien-être, Éd. J'ai lu, Paris, 1994, 318 p.

Chabot, Marc, *Des hommes et de l'intimité,* Éd. St-Martin, Montréal, 1987, 180 p.

Corneau, Guy, *Pères manquants, fils manqués*, Éd de l'Homme, Montréal, 1989, 187 p.

Corneau, Guy, *L'amour en guerre,* Éd de l'homme, Montréal, 1996, 255 p.

Cowan et Kinder, *Les femmes qu'ils aiment, les femmes qu'ils quittent,* Éd. Robert Laffont, Paris, 1989, 270 p.

Dallaire, Yvon, *S'aimer longtemps ? L'homme et la femme peuvent-ils vivre ensemble ?* Éd. Option Santé, Québec, 1996, 144 p.

DeAngelis, Barbara, *Les secrets sur les hommes que toute femme devrait savoir,* Éd. Edimag, Montréal, 1993, 318 p.

Delis et Phillips, *Le paradoxe de la passion ou Les jeux de l'amour et du pouvoir,* Collection Réponses, Éd. Robert Laffont, Paris, 1992, 416 p.

Durden-Smith, Jo et Diane Desimone, *Le sexe et le cerveau, La réponse au mystère de la sexualité humaine,* Éd. La Presse, Montréal, 1985, 272 p.

Fisher, Hélène, *Histoire naturelle de l'amour, Instinct sexuel et comportement amoureux à travers les âges,* Éd. Robert Laffont, Paris, 1994, 458 p.

Forward, S. et J. Torres, *Ces hommes qui méprisent les femmes... et les femmes qui les aiment,* Éd. de l'Homme, Montréal,

Goffman, Erving, *Les moments et leurs hommes,* Texte recueillis par Y. Winkin, Éd. Le Seuil/Minuit, Paris, 1988.

Goldberg, Herb, *Être Homme, se réaliser sans se détruire,* Éd. Le Jour, Montréal, 1981, 342 p.

Goldberg, Herb, *L'homme sans masque,* Éd. Le Jour, Montréal, 1990, 268 p.

Goldberg, Herb, *Nouvelles relations entre hommes et femmes,* Éd. Le Jour, Mtl.

Gray, John, *L'homme vient de Mars, la femme vient de Vénus,* Éd. Logiques, Montréal, 1994, 327 p.

Halpern, Howard M., *Adieu, Apprenez à rompre sans difficulté,* Éd. du Jour, Montréal, 1983, 214 p.

Hendrix, Harville, *Le défi du couple,* Éd. Modus Vivendi, Laval, 1994, 305 p.

Lafavore, Michael, *Men's health advisor 1997, Men's health magazine,* Rodale Press, Pennsylvanie, 1997, 342 p.

Morin, Victor, *Le Code Morin, Procédure des assemblées délibérantes,* Éd. Beauchemin, Montréal, 1987, 158 p.

Nagler et Androff, *Bien vivre ensemble, 6 nouvelles règles,* Éd. du Jour, 80 p. Montréal, 80 p.

Naifeh, S. G. W. Smith, *Ces hommes qui ne communiquent pas,* Éd. Le Jour, Montréal, 1987, 222 p.

Norwood, Robin, *Ces femmes qui aiment trop,* Éd. Stanké, Montréal, 1986, 376 p.

O'Connor, Dagmar, *Comment faire l'amour à la même personne... pour le reste de votre vie,* Éd. Le Jour, Montréal, 1987, 235p.

Portelance, Colette, *La liberté dans la relation affective,* Éd. du Cram, Montréal, 1996, 283 p.

Salomé, Jacques et S. Galland, *S'aimer et se le dire,* Éd. de l'homme, Montréal, 1993, 274 p.

Salomé, Jacques et S. Galland, *Parle-moi... j'ai des choses à te dire,* Éd. de l'homme, Montréal, 1995, 245 p.

Salomé, Jacques et S. Galland, *Si je m'écoutais, je m'entendrais,* Éd. de l'homme, Montréal, 1990, 335 p.

Spark, Richard F., *Male sexual health, A couple's guide,* Consumer reports books, New York, 1991, 230 p.

Tanenbaum, Joe, *Découvrir nos différences entre l'homme et la femme,* Éd. Québécor, Outremont, 1992, 234 p.

Tannen, Déborah *Décidément, tu ne me comprends pas, ou Comment surmonter les malentendus entre hommes et femmes,* Éd. Robert Laffont, Paris, 1993, 350 p.

Wertheimer, Neil, *Encyclopedia of men's health, Men's health book,* Rodale Press, Pennsylvanie, 1995, 593 p.

Wilson Schaef, Anne, *Ces femmes qui en font trop,* Éd. Modus Vivendi, Laval, 1997, 382 p.

Wright, John, *La survie du couple,* Éd. Le Jour, Montréal, 1990, 261 p.

# S'aimer longtemps ?

## Un livre à lire en couple

### L'homme et la femme peuvent-ils vivre ensemble?

«Il la réveilla d'un baiser. Elle le trouva charmant. Ils se marièrent et eurent de nombreux enfants. Ils vécurent heureux.» Malheureusement, les statistiques contredisent cette histoire: sur dix couples mariés, cinq divorceront, trois se résigneront et deux seulement auront la chance d'être, la plupart du temps, heureux. Pour le psychologue-sexologue Yvon Dallaire, cette situation n'est pas due à un manque d'amour ou une absence de bonne volonté des partenaires, mais plutôt à une méconnaissance de la psychologie de l'autre sexe et de la dynamique inhérente à toute vie de couple.

Ce livre ne présente pas ce que devrait être le couple idéal, mais plutôt le couple réel, tel qu'il est vécu dans la vie quotidienne. Vingt chapitres sur l'amour, la sexualité, les différences entre les hommes et les femmes, la séduction, la dépendance affective ... Il dédramatise les conflits conjugaux et offrent des moyens concrets pour améliorer l'équilibre dans le couple. Pour que votre histoire d'amour ne finisse pas là où la vraie vie commence ! Disponible dans toutes les librairies.

14,95 $ / 144 pages          ISBN 2-9804174-2-4
Disponible en vidéocassette aux Éd. Option Santé: 20 $ / 90 min.

# Psychologie sexuelle

## Une approche expérientielle

### Recueils d'exercices I et II

Ces deux recueils d'exercices sont dédiés aux animateurs d'ateliers ou de cours sur la sexualité, mais s'adressent également à ceux et celles qui voudraient, de façon autodidacte, faire une réflexion sur leur sexualité et celle de leur partenaire. Chaque exercice comprend les objectifs de l'exercice, le rationel sous-jacent, la procédure détaillée à suivre et le matériel nécessaire.

Les thèmes abordés: la mise en train; la physiologie sexuelle; le développement psychosexuel; les rôles sexuels; les attitudes et valeurs sexuelles; les techniques corporelles et les dimensions non-verbales de la communication sexuelle; le comportement sexuel; mariage et couple; l'éducation sexuelle; la contraception et l'avortement.

34,95 $ / 275 pages ISBN 2-9804174-7-5
Disponible seulement aux Éditions Option Santé,
675, Marguerite Bourgeoys, Québec (Québec), G1S 3V8.
Tél.: 418.687.0245.

# La masturbation

## La réponse à toutes vos questions

### La masturbation, le dernier des tabous

Ce livre constitue l'adaptation de la thèse présentée par Yvon Dallaire pour l'obtention de sa maîtrise en Psychologie de l'Université Laval. Contenu: La définition de la masturbation. Son rôle dans le développement psychosexuel. Fantasmes et masturbation. Les causes de la masturbation. Les facteurs qui influencent la masturbation. Les circonstances de la masturbation. Différentes statistiques. Une analyse historique. Les avantages et les dangers de la masturbation. Les attitudes face à la masturbation. Les sept (7) fonctions de la masturbation.

Une étude exhaustive de tout ce qui touche à la masturbation.

29.95 $ / 194 pages                    ISBN 2-9804174-5-9
Disponible seulement aux Éditions Option Santé,
675, Marguerite Bourgeoys, Québec (Québec), G1S 3V8.
Tél.: 418.687.0245.

# La masso- thérapie

**Une carrière au bout de vos doigts**

### Un guide complet et pratique

Ce livre inestimable contient des idées et des ressources qui guideront les étudiants de façon efficace vers l'atteinte de leurs objectifs de formation et de carrière en massothérapie. Martin Ashley a su livrer l'essentiel d'une nouvelle profession riche de promesses. Parce que ce livre contient tout ce qu'un massothérapeute doit savoir, il permettra d'économiser énergie, temps et argent à tous ceux et celles qui le consulteront. Il simplifiera votre apprentissage, accélèrera votre carrière, vous guidera dans vos réflexions et vous évitera de refaire les mêmes erreurs que vos prédécesseurs.

Martin Ashley est avocat, professeur et massothérapeute. Ce livre est la synthèse de son expérience pratique en massage, de sa compréhension des aspects légaux, politiques et professionnels du massage et de la sagesse des dizaines de massothérapeutes qu'il a interviewés. L'adaptation québécoise contient plus de 250 adresses.

34,95 $ / 260 pages                    ISBN 2-9804174-0-8
Disponible dans toutes les librairies

# Asthme et acupuncture

## Comment le vaincre par l'acupuncture

### Une médecine millénaire

Présentation par l'acupuncteur Huy Nguyen d'une technique éprouvée afin de mettre un terme à tous les problèmes d'asthme en quelques semaines seulement. Collaboration: Institut de Recherche en Acupuncture du Québec. 1997.

20 $ / 104 pages                     ISBN 2-9804174-3-2

Aussi disponible *Migraine et acupuncture, Comment le vaincre par l'acupuncture* par Nguyen Huy et Gilles Mecteau, acupuncteurs. Présentation d'une technique éprouvée afin de mettre un terme à tous les problèmes de migraine en quelques semaines seulement. Collaboration: Institut de Recherche en Acupuncture du Québec. 1996.

20 $ / 76 pages                     ISBN 452734

Ces deux livres ne sont actuellement disponibles que sur commande seulement aux Éditions Option Santé,
675, Marguerite-Bourgeoys, Québec (Québec), G1S 3V8.
Tél.: 418.687.0245.

# Shiatsu et psycho- thérapie

## Formation professionnelle

### Un esprit sain dans un corps sain

Tout au long de ces pages, le psychologue Yvon Dallaire et la massothérapeute Renée Bérubé démontrent le lien existant entre, d'un côté, l'aspect technique du massage shiatsu et, de l'autre côté, la dimension psychologique reliée à la partie du corps massée tout en insistant sur l'importance des attitudes du donneur et du receveur afin d'augmenter l'efficacité du massage shiatsu. Basé sur les principes de l'acupuncture et la philosophie orientale, le shiatsu constitue une excellente thérapie anti-stress physique et psychologique.

Contenu: Les principes théoriques et pratiques du shiatsu. Le massage shiatsu de base. Manoeuvres spécifiques. La philosophie orientale.

20 $ / 150 pages                ISBN 2-9804174-1-6
Disponible seulement aux Éditions Option Santé,
675, Marguerite-Bourgeoys, Québec (Québec), G1S 3V8.
Tél.: 418.687.0245.